Les merveilles de la France
[**1001**]
[photos]

Conçu et réalisé par Copyright
pour les Éditions Solar

Rédaction : Françoise Bayle

Création graphique : Gwénaël Le Cossec

Coordination éditoriale : Olivia Le Bert

Mise en page : Zarko Telebak

Réalisation photogravure : Peggy Huynh-Quan-Suu

Lecture-correction : Dominique Trépeau

Fabrication : Thomas Lemaître

© 2009, Éditions Solar, place des éditeurs
un département de

Édition du Club France Loisirs, Paris
avec l'autorisation des Éditions Solar

Éditions France Loisirs,
123, boulevard de Grenelle, Paris
www.franceloisirs.com

ISBN : 978-2-298-02923-9

N° éditeur : 57381

Dépôt légal : décembre 2009

Achevé d'imprimer en Italie par N. I. I. A. G. , novembre 2009

Les merveilles de la France
[1001] photos

ÉDITIONS FRANCE LOISIRS

Sommaire

La France
et ses sites naturels

La côte méditerranéenne
et ses eaux transparentes
où apparaissent
les fonds sous-marins.

A

vec ses dunes, ses criques, ses calanques, ses plages, ses côtes, ses étangs, ses caps, ses bassins, ses baies, ses pointes, ses falaises, ses presqu'îles, ses rias, ses ports, ses quais, ses polders, le visage des rivages côtiers ne cesse de se renouveler...

Tournée à l'est vers le continent européen, la France s'ouvre sur toute sa face occidentale et au sud sur quatre espaces maritimes : la mer du Nord, la Manche, l'océan Atlantique et la Méditerranée. Cet univers côtier, soumis à une grande variété de climats, offre au fil des saisons une multitude de paysages qui abritent une faune et une flore originales, parfois rares, souvent protégées : promontoires étroits bordés de falaises vertigineuses, dunes mouvantes modelées et façonnées par le vent, vastes plages septentrionales battues par les marées où les cieux délavés rejoignent les eaux gris ardoise et les bancs de sable ocrés, crêtes impressionnantes des calanques creusées de grottes et plongeant dans des eaux turquoise, éperons rocheux sillonnés par d'étroits sentiers et couverts de landes, de genêts et de fougères...

Longtemps fréquentée par ceux qui avaient besoin d'elle pour vivre – les pêcheurs, les commerçants, les armateurs, les explorateurs de nouvelles contrées –, la mer commença d'apparaître, à partir du XIXe siècle, comme une destination enviable quand on comprit que l'iode, les bains et les promenades au grand air détenaient des valeurs curatives. De cette époque datent la vogue

Les mille facettes du littoral

des bains de mer et, avec elle, la création des stations balnéaires dont beaucoup ont conservé leurs villas aux architectures éclectiques pleines de charme. De la baie de Somme à Saint-Tropez en passant par le bassin d'Arcachon ou la pointe du Raz, le spectacle ne cesse de se renouveler, de l'observation d'oiseaux migrateurs aux vagues déferlant en rafales sur les rochers...

[1] et [2] Domaine de la mer et du sable, le bassin d'Arcachon forme un triangle entre le cap Ferret et la dune du Pilat. [3] Entre deux pointes schisteuses, la superbe plage du Donnant, sur la côte ouest de Belle-Île, est bordée d'un cordon de dunes mordorées.

[1] et [2] Lancée par Eugénie de Montijo, future épouse de Napoléon III, et longtemps rendez-vous de l'aristocratie européenne, la ville de Biarritz a gardé tout son charme, avec notamment de superbes plages.

[1] et [2] Insouciants, des enfants
jouent sur la plage d'Utah Beach,
bien loin des tragiques événements
qui s'y déroulèrent le 6 juin 1944,
le mémorable Jour le plus long.
[3] et [page de droite] Deux visages
du littoral breton : la côte déchiquetée
de la presqu'île de Quiberon et,
au bout du monde et esseulée,
une maison sur la pointe du Raz.
[Double page suivante] De vertigineuses
falaises de calcaire sur la côte
normande entaillée de valleuses.

[1] La baie du Mont-Saint-Michel est balayée par les plus amples marées d'Europe.
[2] Tout aussi plate, la Camargue accueille dans ses marais et ses étangs de nombreuses colonies d'oiseaux, tels des flamants roses.
[3] Plus déchiquetée, la côte du cap Corse : ici, l'église Sainte-Marie et, au loin, une tour génoise.

[1] Les fameuses falaises calcaires d'Étretat, en Normandie.
[2] Tranquille, le petit port de Camaret-sur-Mer, en Bretagne.
[3] Vue à 180 degrés du haut du cap Blanc-Nez, dans le Pas-de-Calais.

[1] et [2] Des récifs à perte de vue à la pointe du Raz où un phare veille et guide les marins égarés.
[3] La falaise d'Aval et l'Aiguille comptent parmi les étonnantes architectures naturelles d'Étretat, sur la côte normande célébrées par Maupassant et les impressionnistes.

[1] Vue sur le tapis vert de la forêt de la Teste, du haut de la dune du Pilat, dans les Landes.
[2] Le long de la côte languedocienne, le vaste étang de Thau produit les fameuses huîtres de Bouzigues.

19

[1] et [3] Que l'on soit à la pointe du Grand-Grouin ou sur la côte de Granit rose, la Bretagne offre des paysages de rochers érodés qui émergent le long des grèves, des criques et des îlots. [2] À proximité de Royan, des villas familiales s'éparpillent au milieu des pins et des chênes verts. [4] De l'estuaire de la Gironde jusqu'au Pays basque se déroule la Côte d'Argent.

[1] et [2] Biarritz, avec son rocher de la Vierge et ses grandes plages de sable.

[3] Saint-Palais-sur-Mer (Charente-Maritime) où chaque pêcheur manie le carrelet depuis sa cabane.

[1] C'est à Menton que « l'Italie commence, on le sent dans l'air », notait Flaubert.
[2], [3] et [4] Du golfe de Porto aux falaises de Bonifacio et aux îles au large du cap Corse, l'île de Beauté possède un littoral d'un pur enchantement.
[5] Calanques et promontoires du massif de l'Esterel se succèdent le long de la Grande Bleue.
[Page de droite] Une eau transparente dans une des calanques de Cassis.
[Double page suivante] Vue du ciel, une armée d'embarcations prête à rejoindre le large.

Quatre îlots composent
l'archipel des Sanguinaires,
au large d'Ajaccio :
la couleur qu'elles prennent
lorsqu'elles sont baignées
par le soleil couchant
leur a donné leur nom.

Vastes ou microscopiques, seules ou escortées par une ribambelle de petits îlots, les îles constituent, au large des côtes françaises, autant d'univers isolés et balayés par les flots qui attirent des Robinson Crusoé las de l'agitation bruyante du continent.

De la plus vaste île métropolitaine, la Corse, au plus petit îlot de l'un ou l'autre archipel, la France compte non loin de ses côtes de nombreuses îles qui offrent des mondes isolés aux paysages contrastés : falaises déchiquetées vers le large, vallons luxuriants ou grandes étendues plates, plages dorées nichées dans des anses arrondies ou marais salants à perte de vue...

Quelques heures suffisent pour parcourir les plus modestes d'entre elles. C'est le cas de l'île aux Moines ou de l'île de Groix. Certaines se laissent découvrir à vélo le long de sentiers aménagés, comme Bréhat, où, en raison d'un microclimat extrêmement doux, les massifs d'hortensias bordant les

murs de granite rose le disputent aux palmiers et autres plantes méditerranéennes... au large de Paimpol.

Mais que l'on ne s'y trompe pas ! Bien souvent, les roches à fleur d'eau et les récifs de nombre de ces archipels constituent pour les navigateurs ou les pêcheurs des écueils dangereux qui rendent leur accès difficile, comme l'exprime un célèbre dicton à propos d'un des plus beaux archipels français, celui de Molène et d'Ouessant : « Qui voit Molène voit sa peine, qui voit Ouessant voit son sang. »

Il n'empêche, les amoureux de ces univers uniques acceptent les contraintes imposées par les navettes qui relient leur île au

Les îles, îlots et archipels

continent, quand la liaison n'est pas faite par un pont, comme à l'île de Ré. Cet éloignement est la garantie d'un patrimoine naturel unique mais fragile, refuge d'espèces animales et végétales protégées, certaines classées par l'Unesco comme réserves de la biosphère.

[1] Un bateau de pêche qui a vécu échoué, sur la lande à l'île de Batz, Finistère.
[2] Non loin du golfe du Morbihan, la toute petite île d'Hœdic, dite « le caneton », abrite la chapelle Saint-Goustan.
[3] Véritable sentinelle au bout du bout de la Bretagne, l'île d'Ouessant, vrai finistère.

[1] Vu du ciel, le charmant bourg de Sauzon, à Belle-Île. [2] et [3] Un petit port serein du Morbihan, une maison toute tranquille à l'île de Groix, pourtant célèbre pour ses terribles tempêtes, comme en témoigne le dicton local : « Qui voit Groix voit sa croix. » [Double page suivante] Une maison cantonnée par deux rochers au large de Tréguier, dans les Côtes-d'Armor.

29

3 [1], [2] et [3] Histoire et modernité à l'île de Ré : le pont permet désormais d'y accéder, tandis qu'une majestueuse porte classique se dresse depuis les années 1680 à Saint-Martin.
[Page de droite] Au large des côtes charentaises, la plus vaste île française après la Corse, Oléron.

[1], [2] et [3] En Bretagne, des îles de charme : Bréhat, Groix et la maison-phare de l'île de Louët, au large de Carantec.

3 [1], [2] et [4] Des îles d'une grande diversité : Aix, Yeu et Noirmoutier.
[3] Encore plus dépaysante, l'île aux Marins, langue de terre plate de 1,5 km de long, appartenant à l'archipel de Saint-Pierre-et-Miquelon, et qui a conservé ses anciennes maisons de pêcheurs.

[1] Avec ses quatre îles, l'archipel du Frioul constitua pendant longtemps autant de vigies installées dans la rade de Marseille. [2] et [3] Plus pacifique, l'île de Porquerolles, un écrin de turquoise et d'émeraude, la plus grande des îles d'Hyères.

[1] Dans la mer des Caraïbes, le rocher du Diamant, en basalte, témoigne de la forte activité volcanique que connut la région.
[2] Port-Cros, une des îles d'Hyères, abrite un parc national.
[3] Immortalisé par Dumas dans *Le Comte de Monte-Cristo,* le château d'If tient aussi sa notoriété du premier rhinocéros débarqué en Europe – c'était en 1515 –... qui fut immortalisé par Dürer.

La succession des âpres monts
d'Auvergne constitue autant
d'invitations à la balade.

Des sommets des Alpes, qui culminent à plus de 4 800 mètres, aux monts d'Arrée, qui s'élèvent à moins de 400 mètres, la France offre un large éventail de paysages montagneux situés principalement à l'est et au sud.

Longtemps vus comme une menace inquiétante et inhospitalière, les massifs montagneux accueillent désormais de fervents passionnés qui partent à leur assaut. Plus bas, dans les alpages, d'éternels nomades tirent parti au fil des saisons des richesses que leur offre la végétation : ce sont les bergers et leurs troupeaux. Là encore, la variété est de mise : des monts d'Auvergne aux prairies d'élevage du Jura en passant par les cimes enneigées des Alpes, les paysages sont multiples. Certains sont grandioses. C'est le cas des glaciers, géants capricieux qui, au gré des variations climatiques, oscillent, leur recul semblant se confirmer ces dernières années. Moins élevées que les Alpes et abritant beaucoup moins de lacs, les Pyrénées forment entre la France et l'Espagne une barrière naturelle de plus de 400 kilomètres qui abrite des vallées plus étroites que dans les Alpes et de nombreux cirques, et que dégringolent des cascades vertigineuses appelées ici gaves.

Comme le Jura et les Vosges, les monts endormis de la chaîne des Puys, moins puissants mais tout aussi séduisants, offrent dans le Massif central un extraordinaire panorama de cônes et de dômes ouverts ou emboîtés qui se succèdent sur des dizaines de kilomètres. Enfin, d'autres massifs, encore plus modestes en altitude et en étendue, confèrent à certaines régions de modestes

Les massifs montagneux et volcans éteints

enclaves au relief un peu tourmenté – c'est le cas des monts du Lyonnais, des monts d'Arrée, de la Montagne Noire... Dans ces zones, la végétation et le peuplement animal varient beaucoup en fonction de l'altitude, un peu en fonction de l'exposition, avec un grand nombre d'espèces endémiques.

[1] et [2] Comme les aiguilles de granit de Bavella lancées à l'assaut du ciel corse, l'église Saint-Michel d'Aiguilhe, sur le rocher Saint-Michel, du haut de son piédestal, veille sur Le Puy-en-Velay. [3] Dominant la Durance, Sisteron se tapit au pied de sa crête calcaire.

[1], [3] et [4] Des escarpements rocheux se découpent dans bien des régions : en Bretagne, au cirque du Fer-à-Cheval, en Haute-Savoie, ou à la butte de l'Aiglette, dans la Drôme, Vercors. [2] Non loin de Manosque, Les Mées, c'est-à-dire « les bornes », se succèdent sur plus de 2 kilomètres, certaines atteignant 100 mètres de haut.

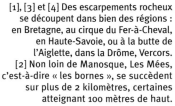

[1], [2] et [3] « Éminent et principal », selon Coleridge, « diadème de neige », selon Byron, le Mont-Blanc.
[Page de droite] Le plus haut sommet de l'Europe a attiré et attire toujours les intrépides, comme Catherine Destivelle, même si les conditions de son ascension, depuis Horace Bénédict de Saussure, au XVIIIᵉ siècle, ont considérablement évolué.

[1] et [3] Dans les Pyrénées, le tour du pic du Midi d'Ossau (2 884 mètres) offre des paysages inoubliables, tout comme les glaciers du Vignemale (3 298 mètres). [2] Moins escarpées, les Vosges enfilent pourtant chaque année leur habit d'hiver, comme ici en Alsace.

[1] et [2] Une mer de nuages submerge le cirque de Gavarnie, au refuge de la Brèche, dans les Pyrénées, tandis que sur le versant nord du Mont-Blanc, le glacier tout hérissé des Bossons dévale la pente sur quasiment 8 kilomètres.

[1] et [4] Depuis 1908, un petit train emmène les « paresseux » jusqu'en haut du Montenvers sans avoir à emprunter les épingles à cheveux qui sillonnent les montagnes de Savoie. [2] et [3] Le Brévent et l'aiguillette d'Argentière, conquise par un sportif féru d'escalade, comptent parmi les innombrables sommets du massif du Mont-Blanc.

3 [1], [2] et [3] « Ajoutez à l'ensemble de ce paysage de merveilles l'éternelle présence du Mont Blanc ; méditez sur ce sommet, qui est bien véritablement [...] une des extrémités de la terre ; songez à cette frappante accumulation, dans un cercle si restreint, de tant d'objets uniques à voir, et vous croirez, en pénétrant dans la vallée de Chamonix, entrer dans le cabinet de curiosités de la nature, dans une sorte de laboratoire divin où la providence tient en réserve un échantillon de tous les phénomènes de la création, ou plutôt dans un mystérieux sanctuaire où reposent les éléments du monde visible. » (Victor Hugo) [Double page suivante] Du rouge sang au jaune éclatant, les falaises et les carrières d'ocre de Roussillon, pour la plupart abandonnées, ont donné à cette région du pays d'Apt l'appellation de « Colorado provençal ».

[1], [2] et [3] D'une beauté sauvage, les carrières d'ocre de Roussillon s'étendent dans une symphonie de couleurs sur 25 kilomètres entre Gignac et Saint-Pantaléon.

[1] Les carrières d'ocre de Roussillon adoptent parfois d'étranges formes en cheminées de fée.
[2] Dans les Alpes-Maritimes, de valeureux cyclistes visitent l'arrière-pays escarpé de la Côte d'Azur à coups de pédale et loin des plages fréquentées...

[1] et [2] Comme à Punta Rossa, appelé aussi pic von Cube, ou au monte Cinto, les sommets de Corse connaissent la neige chaque année, et les randonneurs expérimentés du GR 20 doivent souvent parcourir des zones enneigées début juillet. [3] À quelques milliers de kilomètres, d'autres sommets scandent les paysages de Martinique.

[1] et [2] Soufrière ou piton de la Fournaise : deux sites de volcans toujours en activité, l'un en Guadeloupe, l'autre à la Réunion. [3] et [4] Bien différents sont les hauts pâturages de la vallée d'Ossau ou du Pays basque, vus du col d'Iraty. [Double page suivante] Du pic du Midi, dans les Pyrénées, une mer de nuages s'effiloche le long de chacune des vallées.

53

Avec une centaine de cavités aménagées, la France offre à tous les amateurs d'émotions surprenantes une belle collection de grottes, d'avens, de gouffres et de rivières qui forment un authentique écomusée. À ces sites sous terre s'en ajoutent d'autres, extérieurs, sculptés par l'eau et le vent.

Il fallut attendre la fin du XIXᵉ siècle pour que, sous l'impulsion de quelques aventuriers curieux de découvrir les cavités naturelles, naisse, avec leur exploration systématique et scientifique, ce qui allait devenir la spéléologie moderne. Ces cavités apparurent le plus souvent dans un sous-sol calcaire. En pénétrant dans ce sous-sol très friable, les eaux de pluie plus ou moins acides creusèrent des cavités et évacuèrent le plus souvent avec elles les roches éboulées et désagrégées. C'est dans ces espaces libérés qu'apparurent des concrétions calcaires arborant des formes fantaisistes créant des univers féeriques aux couleurs parfois étonnantes. On trouve ainsi, descendant des plafonds des grottes, des stalagtites, mais aussi des stalagmites qui, elles, se dressent à partir du sol, des piliers, des colonnes et bien d'autres formes extravagantes – calices, corolles, grappes de raisin, baguettes, rhomboèdres, perles, bougeoirs, cristaux de neige, bouquets de fleurs, draperies translucides. Certaines de ces grottes sont impressionnantes : surnommée la « Cathédrale », la salle centrale de la grotte des Demoiselles, non loin de Montpellier, mesure 120 mètres de long sur 80 de large, et ses concrétions gigantesques sont de toute beauté.

Un monde souterrain et érodé

À l'air libre, l'action érosive de l'eau a donné naissance à des formes étranges, telles les Demoiselles coiffées, appelées encore « cheminées de fée », situées dans les Hautes-Alpes, non loin du lac de Serre-Ponçon, où se dressent des colonnes tronconiques supportant de grosses pierres granitiques.

[1], [2] et [3] Cougnac, Proumeyssac, Cabrespine, des noms qui fleurent bon le Sud-Ouest et son lot de beautés souterraines.

Un monde souterrain et érodé

[1] Fait exceptionnel, une route a été aménagée pour permettre de traverser la grotte du Mas d'Azil, dans l'Ariège.
[2] et [3] Le gouffre de Padirac et le lac de Lacave comptent parmi les nombreux gouffres, grottes et lacs souterrains du Sud-Ouest.

59

[1], [2] et [3] Non loin de Cognac ou nichées dans le massif des Calanques ou dans le Vercors, les grottes de la Trache, de l'Ermite aux Goudes ou du Brudour ouvrent sur des mondes obscurs et secrets.

[1] La grotte bretonne d'Artus
évoque par son nom même
la légende du roi Arthur et
des chevaliers de la Table ronde.
[2] Plus fameuse encore est
la grotte du Mas d'Azil, située
en Ariège. Ce site donna son nom
à une période de la préhistoire,
mais il fut ensuite successivement
occupé comme refuge par des chrétiens,
des cathares et des protestants.

[1] Appelée « grotte rose » à cause de ses concrétions exceptionnelles, la vaste grotte de Dargillan est située dans le causse Noir.
[2] La végétation envahit l'entrée d'une grotte préhistorique dans le Quercy.
[3] Dans les gorges du Verdon, le sentier Martel mène jusqu'à des grottes.

[1] Le sentier de l'Imbut est une autre curiosité des gorges du Verdon.
[2] De nombreuses grottes naturelles trouent le massif du Vercors.
[3] À Cognac, la grotte Marcel Clouet a conservé des traces d'occupation paléolithique.

[1] et [2] Certaines grottes ont été aménagées au cours du temps, comme celle du domaine de Piedefer, à Viry-Châtillon, en région parisienne, salle voûtée entièrement décorée de coquillages et de rocailles à la fin du XVIIᵉ siècle, ou encore celle de Lourdes, en Midi-Pyrénées. [3] À Arcy-sur-Cure, c'est de nouveau la préhistoire, cette fois en Bourgogne.

[1], [2] et [3] Stalactites, concrétions cristallines, lacs souterrains, galeries créent dans les entrailles de la terre des paysages mystérieux et merveilleux. [Double page suivante] La grotte de Choranche-Couffin offre un spectacle prodigieux avec ses rideaux de fistuleuses et ses fines stalactites creuses qui se reflètent dans les eaux calmes.

Aux grands fleuves qui irriguent le territoire – la Loire, le Rhône, la Seine et la Garonne, et pour une part de leur cours, la Meuse et le Rhin –, il faut évidemment ajouter un grand nombre de rivières. Marais et lacs, torrents et cascades complètent ce tableau hydrographique de la France.

La Loire, le plus long des quatre grands fleuves français, est réputée pour ses crues brutales et parfois catastrophiques. Mieux domestiqué, le Rhône est le plus important en terme de débit. La Seine, plus régulière et au débit assez faible, concentre tout au long de son lit une forte concentration de populations et d'activités économiques. La Garonne est la plus courte. Si différents, ces fleuves offrent des paysages variés et contrastés, y compris au fil de leurs propres berges.

Les nombreuses rivières qui se jettent dans la mer ou dans ces fleuves diffèrent elles aussi par leur longueur, leur débit et leur allure. Quoi de commun entre certaines rives de la Marne, qui attirèrent Corot puis Pissarro et Seurat, et celles du Lot, tout en méandres dans un paysage de falaises grandioses et d'étroites vallées ? Entre les eaux vert profond du Verdon provençal, enfoncées entre des parois vertigineuses, et la Somme, bordée de peupliers et de saules, qui serpente à travers prairies et jardins maraîchers ?

Quant aux milliers de lacs, d'étangs et de marais, ils se répartissent sur tout le territoire. Si les lacs sont nombreux en montagne, on en trouve aussi en plaine et le long des côtes. Certains d'entre eux, tel celui d'Annecy, autrefois pollués, comptent désormais parmi

Les fleuves, rivières et cours d'eau

les plus purs d'Europe avec des zones protégées qui permirent de réimplanter une faune naturelle – castors, grèbes huppés... Qu'ils soient proches des côtes ou à l'intérieur des terres, marais et étangs offrent à nombre d'espèces spécifiques une nourriture et un couvert indispensables à leur sauvegarde.

[1], [2] et [3] Canaux – celui du Midi–, gorges – celles de la Rhue, en Auvergne – ou lacs de barrage – celui de Villefort, en Lozère – constituent autant de buts de balade à pied ou sur l'eau.

[1] et [2] Les eaux calmes de la Vis, affluent de l'Hérault, prennent parfois des allures de cascade, comme à Saint-Laurent-le-Minier.
[3] Modeste et pourtant imposante, la chapelle Saint-Michel se dresse fièrement au milieu du lac de Serre-Ponçon, dans les Hautes-Alpes, superbe plan d'eau aussi grand que le lac d'Annecy.

71

[1] Fleuves et rivières recèlent de magnifiques trésors : dans une grotte alimentée par la source de la Seine, on a installé la copie d'une sculpture de Jouffroy.
[2] et [3] Le cadre naturel du Cher, enjambé par le château de Chenonceau, contribue à magnifier l'un des plus beaux châteaux de la Loire, non loin de Saint-Laurent-Nouan.

[1], [2] et [3] Tels de longs serpents liquides, la Seine, à Paris et à Rouen, et le Rhône, à Lyon, déroulent leurs méandres, enjambés par un chapelet de ponts.

73

[1], [2] et [3] Les gorges du Verdon et de la Jonte, et les berges, plus douces, de la Sarthe sont appréciées par les randonneurs pour leur beauté sauvage. [4] Le célèbre Pont d'Arc est une arche naturelle de plus de 30 mètres de hauteur au-dessus de l'Ardèche.

3 [1] Les gorges du Tarn offrent de jolis coins de nature préservée. [2] Blotti autour de son château, Saint-Paul-en-Cornillon s'étire au creux d'un méandre de la Loire. [3] Les eaux du Verdon s'accumulent dans l'importante retenue du lac de Sainte-Croix (Alpes-de-Haute-Provence), dont la superficie est comparable à celle du lac d'Annecy.

[1] et [2] Le plus vaste et le plus profond des lacs français est celui du Bourget, talonné de près par le lac d'Annecy.
[3] Une boucle presque complète de la Moselle, à proximité de la frontière avec l'Allemagne.
[4] À Colmar, la Petite Venise est un quartier plein de charme où la Lauch borde de jolies maisons à arcades ou à colombages.
[Page de droite] Rien de mieux que les « bulles » pour admirer, à Grenoble, les rives de l'Isère et le pont Saint-Laurent.

[1] et [4] Ponts enjambant la Dordogne. [2] Canots échoués sur les rives sableuses d'un cours d'eau en Vendée. [3] Paludier au travail dans les marais salants de Guérande.

[5] Maisons anciennes en pierre plongeant dans les rives de la Charente.
[6] Goudargues, un village tranquille et charmant traversé par la Cèze.

[1] C'est le plus long fleuve de Guyane, le Maroni, qui délimite tout au long de son cours la frontière occidentale du pays avec le Surinam, sur fond de forêt tropicale. [2] et [3] Moins exotiques, l'Argens, à l'ombre du rocher de Roquebrune, et la Sorgue, à Fontaine-de-Vaucluse, célébré par Pétrarque au XIVe siècle.

3 [1] et [double page suivante] Dans l'arrière-pays de Grasse ou dans l'océan Indien, à la Réunion, le Loup et le Saint-Joseph offrent le spectacle de belles cascades. [2] Un cours d'eau de Haute-Garonne a creusé son lit au milieu des bois. [3] Au cœur du Niolo, l'une des régions les plus sauvages de Corse, les fameuses pozzines (du corse *pozzi*, « trous »), ces étendues de pelouse tourbeuse d'un beau vert tendre qui bordent les lacs de montagne.

81

À côté des massifs montagneux et volcaniques, la France partage son territoire entre vallées, plaines et plateaux, où la diversité est une fois encore le maître mot : peuplés ou déserts, austères ou luxuriants, arides ou fertiles, aériens ou encastrés...

Creusées par des fleuves et des rivières aussi différentes les unes que les autres, les vallées offrent nombre de paysages : large vallée sans relief de la Loire, où affleurent çà et là des bancs de sable, rivières bordées de falaises abruptes qui les enfoncent dans d'étroits canyons où le soleil peine à pénétrer, tel le Tarn, eaux tranquilles de la Seine qui surent attirer les peintres de plein air de la seconde moitié du XIXᵉ siècle – les Manet, Monet, Sisley... – et qui dévoilent ici et là quelques abbayes en ruine.

Parfois consacrés à une agriculture céréalière intensive qui les a complètement réquisitionnés, comme dans le Châtillonnais ou le Tonnerrois, les plateaux présentent une large palette de panoramas. Celui des Landes, sableux et frangé de dunes, est couvert de pins. Tandis que sous des cieux trop larges, vidés de leurs arbres et ponctués d'étranges rochers calcaires blancs, les causses du Larzac seulement plantés de cheveux d'ange, l'herbe locale typique, sont voués à l'élevage des moutons et des chèvres. Chaud et sec l'été, venteux et glacial l'hiver, étonnamment aride alors qu'il est copieusement arrosé, le Larzac, comme le causse Méjean, offre ainsi d'immenses horizons austères de caillasses et de landes. Ailleurs, comme au plateau de

Des plaines, des plateaux et des vallées

Millevaches, grandes tourbières, modestes vallons et landes de bruyère se partagent le territoire. Quel contraste avec la plaine étroite et fertile d'Alsace ou les immenses plaines beauceronnes ou picardes seulement animées à perte de vue par les ondulations des champs de céréales...

[1] et [2] Rudes et désolés, les paysages de Saint-Guilhem-le-Désert (Hérault) et du causse Méjean (Lozère). [3] Arbre et tracteur solitaires sur fond de champ de colza.

[1], [2] et [3] Les plates plaines de Beauce contrastent avec le massif escarpé du Vercors, dominé en arrière-fond par le mont Aiguille. [Double page suivante] Vignobles enserrant le petit village de Niedermorschwihr, près de Colmar.

[1], [2] et [3] Betteraves sucrières en Picardie, plantation de chênes et troupeaux de vaches et de veaux d'Aubrac, trois visages de la France rurale.

3 [1] et [3] À perte de vue, alignements de vignes champenoises bien taillées d'où s'échappe un clocher. [2] Saint-Émilion (Gironde) et son « paysage culturel » sont désormais inscrits au patrimoine mondial de l'Unesco : c'est la première fois qu'un paysage viticole est honoré d'une telle distinction.

91

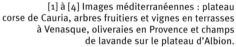

[1] à [4] Images méditerranéennes : plateau corse de Cauria, arbres fruitiers et vignes en terrasses à Venasque, oliveraies en Provence et champs de lavande sur le plateau d'Albion.

2 [1] et [2] Inlassablement travaillée par le vent, la dune du Pilat, au sud d'Arcachon, la plus haute d'Europe – plus de 100 mètres –, se découpe sur fond de tapis vert, la forêt de la Teste.
[Double page suivante] Rectangles plats vert tendre, beige clair et jaunes, quelques chemins de traverse nus ou bordés de haies, c'est ainsi que se composent les plaines du nord de la France.

93

La France
et son terroir

Le pigeonnier, ici perdu
dans les vignes à proximité
de Cahors, affirme
l'aisance du propriétaire.

Trésors d'ingéniosité et d'habileté réalisés au fil des siècles par nos aïeux, les granges, les burons, les jas, les casins, les bories, les capitelles, les cazelles, les moulins, les pigeonniers, les fermes et les maisons appartiennent aux différents terroirs qui ont adopté divers modes de construction...

Malgré la centralisation et l'urbanisation des campagnes à partir du XIXᵉ siècle, chaque région a conservé et, ces dernières décennies, restauré la part de son patrimoine architectural rural qui avait résisté aux agressions du temps. Chacune d'elles a en effet développé au long de son histoire des constructions typiques liées au climat, aux richesses ou à la pauvreté du sous-sol, et aux besoins de ceux qui y vivaient et qui y travaillaient. Deux exemples de cette architecture régionale suffisent à convaincre de sa spécificité. Parce que dans le pays d'Auge la pierre était rare et de piètre qualité, il fallut trouver une solution pour édifier fermes et maisons : argile brute pour les torchis et pisés qui servent souvent de matériau de base, argile cuite sous forme de briques et de tuileaux qui viennent compléter un mur en colombages. Les cabanes en pierres sèches du Périgord sont, elles, nées d'une abondance de pierres. Pour laisser la place aux cultures, les paysans eurent l'idée d'épierrer les champs et d'utiliser ces pierres plates pour édifier de petites cabanes en les empilant jusqu'à former de modestes constructions voûtées. Il faut encore citer les pigeonniers, les colombiers, les granges, les moulins, les fours à pain, les

Un patrimoine bâti rural, riche et varié

pressoirs à cidre, les loges de vigne, les fermes fortifiées d'Île-de-France organisées autour d'une cour fermée, les déclinaisons régionales des maisons vigneronnes, les bergeries des Cévennes, les hofstèdes flamandes toujours orientées sud-sud-est pour se protéger des vents venus de la mer...

[1] et [2] Pigeonniers du Périgord et du Bordelais, à Labrède, en plein cœur des Graves, patrie du philosophe Montesquieu qui, contre l'avis de l'intendant du roi qui voulait faire arracher la vigne pour cause de pléthore, défendit le vignoble avec véhémence.
[3] Les puits font également partie de ce patrimoine rural, ici à Yvetot, en Normandie.

À côté de moulins souvent anonymes, comme ici, dans le Lot, à Carlucet [2], ou dans la Loire [3], le fameux moulin d'Alphonse Daudet (1840-1897), à Fontvieille [1], au nord d'Arles, qui, contrairement à l'opinion commune, ne lui a jamais appartenu ; il a été partiellement restauré, et son mécanisme est bien conservé.

101

[1] et [2] Chaque province française a développé un ou plusieurs types d'habitats ruraux, avec matériaux et plans spécifiques, comme ici en Dordogne. [3] Le Moulin aux Moines, à Auxey-Duresses, en Bourgogne, domaine viticole remontant au IXe siècle, autrefois propriété des moines de Cluny.

[1] Au second étage d'un bâtiment de pierre en Aveyron, une grange. [2] Près des Baux-de-Provence, la salle à manger voûtée du mas de la Grange. [3] Typiques de l'arrière-pays de Grasse, les cabanes, ou bastidons, généralement en forme de dôme ou de ruche et construits en gros blocs de pierre sèche, servaient d'abri aux paysans et aux bergers.

[1], [2], [4] et [page de droite] Dans le pays d'Auge, maisons, fermes et manoirs à pans de bois se protègent le plus souvent de l'humidité par un soubassement en pierre ou en silex. [3] Pierre et bois sont aussi associés dans les chalets alpins. [Double page suivante] Des champs de lavande viennent buter contre les murs en pierre de ce petit mas provençal.

[1], [2] et [3] Fontaines sur la place du marché à Remiremont (Vosges), à Saint-Jean-d'Angély (Charente-Maritime), et à proximité du palais des Papes, à Avignon. [4] À Obernai, en Alsace, le puits aux Six-Seaux date de la Renaissance.

2 [1] et [2] Au cœur des villes, fontaines et puits animent les places, comme ici à Saint-Paul-de-Vence (Alpes-Maritimes) et à Turckheim, en Alsace, en face de la mairie.

Avec plus de 36 000 communes, la France compte cinq fois plus de communes que l'Italie et l'Espagne, dont la moitié compte moins de 400 habitants. Parmi ces villages, certains sont remarquables par la beauté de leur architecture ou de leur situation...

Victimes eux aussi de l'urbanisation du pays et de la désertification des campagnes qui en est résultée, les villages ont perdu pendant la seconde partie du XXᵉ siècle une part de leurs habitants et, du coup, de leur patrimoine bâti. C'était compter sans les efforts, la ténacité et les fonds d'inconditionnels amoureux de leurs racines, véritables ou supposées, qui, depuis quelques décennies, se sont acharnés à faire de certains d'entre eux de petits chefs-d'œuvre d'harmonie et de charme.

Nombre d'entre eux remontent au Moyen Âge : maisons à encorbellements et pans de bois, toits de tuiles plates, venelles tortueuses, rivières ombragées de saules pleureurs, terrasses fleuries, églises romanes, galeries de bois sculptées constituent les éléments les plus traditionnels de ces villages. C'est aussi de cette époque, à partir du XIIIᵉ siècle plus précisément, que datent les bastides, qui répondaient à deux objectifs essentiels : militaires d'abord, démographiques ensuite. Pourvues de portes et d'enceintes, conçues sur un plan rectiligne en échiquier à l'opposé des bourgades médiévales aux ruelles étroites et enchevêtrées, elles offraient aux populations alors en forte croissance un habitat sécurisé. Elles s'organisaient autour d'une grande place souvent entourée de

De nombreux et charmants villages

galeries couvertes à arcades. Avec d'autres villages installés dans des sites improbables – nids d'aigle, falaises escarpées, éperons rocheux –, elles constituent un réseau de bourgades pleines d'attraits qui attirent nos concitoyens mais aussi nombre de nos voisins européens.

[1] et [2] Villages de montagne dans les Pyrénées et dans les Alpes.

3 [1] et [2] Sur leurs promontoires rocheux, Saint-Paul-de-Vence (Alpes-Maritimes) et Gordes (Vaucluse) sont parmi les plus beaux villages français.
[3] et [4] En Alsace, Kaysersberg a conservé son caractère médiéval, tandis qu'à Belle-Île, Sauzon abrite de jolies maisons colorées.

[1] La beauté des sites contribue souvent à l'attrait de bien des villages, comme ici à Kaysersberg, au cœur du vignoble alsacien.
[2] Ornans, au bord de la Loue, est la patrie de Gustave Courbet, dont la maison natale a été transformée en musée.
[3] Olargues, village niché au bord d'un petit cours d'eau dans le Languedoc-Roussillon.

Au caractère parfois vertigineux de certains sites, à l'image de la Roque-Saint-Christophe, dans le Périgord [2], s'ajoutent souvent des détails d'architecture ancienne, comme ici la porte de l'église médiévale à La Madeleine (Dordogne), village troglodytique [1], ou un soin tout particulier accordé aux fleurs, ainsi dans les rues de Lourmarin (Vaucluse) [3].
[Double page suivante] « Les maisons sur le ruisseau, les églises sur les maisons, les rochers sur les églises, le château sur le rocher » : ce dicton quercynois évoque bien la fascination qu'exerça le village médiéval de Rocamadour, accroché à sa falaise.

115

[1] En Corse, les petites maisons de Piana, non loin des sublimes calanques éponymes, se serrent dans un paysage austère et magnifique.
[2] Perchées sur leur falaise, les ruines de la forteresse d'Aiguèze (Gard) témoignent de l'ancienneté du site.
[3] Le Grand-Bornand étale ses rangées de chalets.
[4] Ce petit village normand aurait abrité Marie Harel, celle qui, dit-on, aurait inventé le camembert...

[1] Rouge ocré de la pierre, gris bleuté des ardoises, bleu des lauzes et vert des vignes vierges forment la palette de Collonges-la-Rouge, à une vingtaine de kilomètres de Brive. [2] et [3] Immortalisé par Victor Hugo, Villequier (Seine-Maritime) a conservé quelques maisons anciennes, tout comme Antraigues, en Ardèche, perché sur son piton de lave.

[1] et [3] Saint-Jean-Pied-de-Port, avec ses remparts et ses maisons de grès rouge au bord de la Nive, et Ainhoa comptent parmi les plus beaux villages du Pays basque.
[2] Dans un paysage austère et grandiose, Montemaggiore s'accroche sur sa colline Corse.
[4] Dominé par la silhouette de pierre de son donjon accroché sur son promontoire, le village de Puivert dans l'Aude.

[1], [2] et [3] Nombre de villages s'organisent autour d'un plan circulaire, comme en témoignent ces photos vues du ciel.

[1] et [2] Dans le Quercy ou en Bourgogne, Autoire et Chablis serrent l'enchevêtrement harmonieux de leurs toits autour de leur église.
[3] Cluses, en Haute-Savoie, s'étire le long de l'Arve.

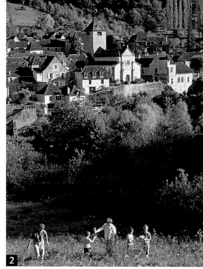

[1], [2] et [3] Un pignon peint de couleur vive à Saint-Hippolyte, en Alsace, les belles maisons de granite et l'église Saint-Ronan de Locronan, en Bretagne, ou le village des Bories, près de Gordes (Vaucluse), avec ses architectures en lauzes de calcaire assemblées sans aucun mortier et qui servaient autrefois de fermes : tous ces villages témoignent de l'originalité et de la diversité du patrimoine bâti rural.

123

À l'ombre de son éperon rocheux ou fermant la perspective d'un chemin de vigneron alsacien, Fontaine-de-Vaucluse [1] et Cleebourg [3] rivalisent de charme, tout comme les bâtisses regroupées autour du donjon du château d'Estaing (Aveyron) [2].

[1], [2] et [3] La présence de l'eau contribue à animer joliment nombre de villages : à Kaysersberg, en Alsace, mais aussi à Fontaine-de-Vaucluse ou à Mornac-sur-Seudre (Charente-Maritime), avec son charmant petit port.

[1] et [2] Sur leurs collines, Peillon et Ramatuelle comptent parmi les villages de Provence les plus enchanteurs. [3]Un petit village égaré dans les montagnes corses.

[1] Fontaines, lavoirs, girouettes et église romane à clocher carré et chevet plat caractérisent Oger, non loin d'Épernay (Marne).
[2] Une église rose imprégnée d'influence espagnole domine le port de pêche de Port-Vendres, sur la Côte vermeille.
[3] Une vaste forêt de châtaigniers, pendant des siècles un des fondements de l'économie familiale ardéchoise, environne le vieux village d'Antraigues.
[Double page suivante] Dominé par quatre tours en ruine, Montbrun-les-Bains (Drôme) a conservé ses rues étroites bordées de maisons à contreforts et à arcades.

127

Une modeste église à Méry [1] ou une humble maison trapue ensevelie sous la neige à Bonneval-sur-Arc [3], toutes deux en Savoie, une maison à colombages alsacienne croulant sous les géraniums à Dambach-la-Ville [2], un fouillis de constructions étagées à Biot (Alpes-Maritimes) [page de droite], autant de villages de charme...

Avec environ 70 millions de visiteurs chaque année, la France est le pays le plus visité au monde. Est-ce pour la richesse de son terroir, la qualité de son artisanat que tant d'étrangers franchissent nos frontières et que tant de Français passent leurs vacances à l'intérieur de l'Hexagone ?

Si la beauté des paysages et les innombrables témoignages d'une culture ancienne attirent de nombreux touristes, il est un savoir-faire français que beaucoup nous envient, la qualité de vie. Celle-ci se décline à table, autour des produits du terroir, mais aussi chez certains de nos plus grands artisans – artistes, devrions-nous dire ? – qui témoignent d'une science et d'une maîtrise technique inégalées dans bien des domaines.

En matière de gastronomie, il est vrai que la cuisine française – si tant est que l'on puisse parler de cuisine française, tant la France fait cohabiter nombre de savoureuses cuisines régionales – compte parmi les meilleures au monde. Il n'y a qu'à énumérer certaines spécialités régionales – le foie gras du Sud-Ouest, la poêlée de cèpes de Bordeaux, la quiche lorraine – ou certains produits fameux – les macarons de Nancy, l'andouillette d'Arras, le pineau des Charentes, sans oublier les vins et les fromages –, tous réputés, pour comprendre pourquoi la France vient de demander auprès de l'Unesco pour 2009 l'inscription de sa gastronomie au patrimoine culturel immatériel de l'humanité.

Les artisans français, pour leur part, ont su imposer leurs labels dans des domaines aussi divers que le cuir, la coutellerie, le

Produits du terroir et artisanat

cristal, le textile, la joaillerie, les arts de la table... et même la charentaise. À côté de nombreux artisans expérimentés et pourtant à jamais anonymes, certains d'entre eux ont vu naître des marques qui à elles seules résument ce savoir-faire – Laguiole, Baccarat, Hermès, Chanel...

3 [1], [2] et [3] Cancale, Marennes, Oléron, l'embarras du choix pour les amateurs d'huîtres. [Page de droite] Pour ceux qui préfèrent les moules, des parcs dans la baie du Mont-Saint-Michel qui, à marée basse, se hérissent de pieux de chêne – on en compte 250 000 sur 12 kilomètres de long. [Double page suivante] Sous l'œil vigilant des bergers et des chiens, un troupeau de moutons et de jeunes agneaux.

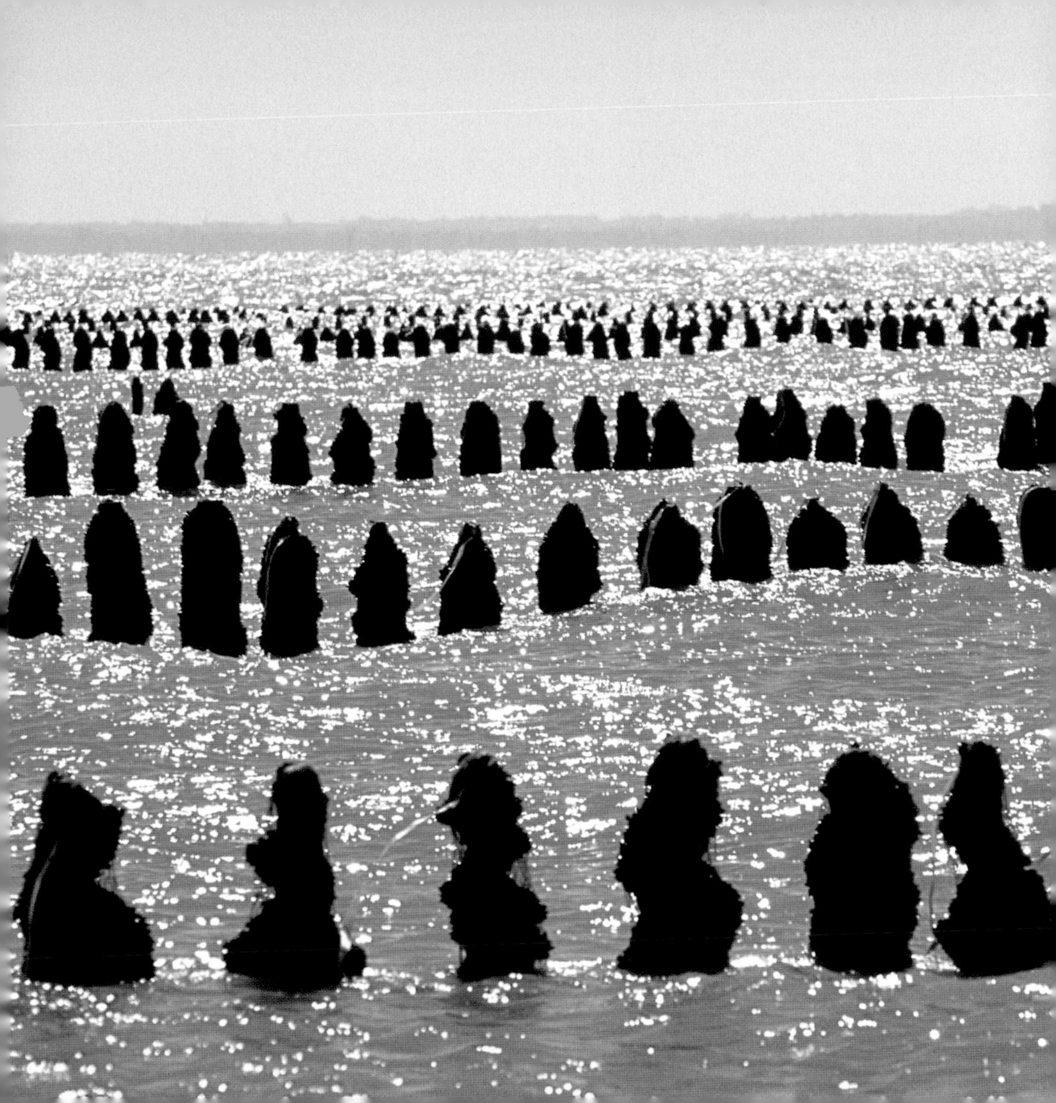

[1] à [4] Jeunes veaux blancs du Limousin ou charolais en Bourgogne, troupeaux de moutons dans le haut Quercy ou à proximité du village fortifié de Roquefort, dans les Landes.

[1] et [2] Tandis qu'un immense troupeau de moutons traverse une vallée non loin de Saint-Julien-en-Vercors [1], un gardien à cheval veille sur un troupeau de taureaux camarguais, les biòus, des taureaux petits mais très robustes élevés en liberté. [3] Ailleurs, un percheron attelé continue d'être mis à contribution à l'époque des tracteurs surpuissants...

[1] à [4] Chèvres de Rocamadour, caves où mûrit le « roi des fromages », le roquefort, quiche à l'oignon, truffe noire du Périgord, un échantillon non exhaustif des produits du terroir français.

[1] à [4] Troupeaux d'oies et de canards gavés dans le Sud-Ouest, cochon truffier et vignes sont autant de représentants du savoir-faire de notre terroir.

[1] à [4] et [page de droite] Santons provençaux, porcelaine de Limoges, ébénisterie, tissage de la soie ou, fleuron des métiers d'art français, cristal de Baccarat assurent le prestige de la France.

Graphiques, les pourtant
imposants rouleaux de foin
sont devenus lilliputiens sur
le vaste fond de champ de
chaume strié en diagonales –
autant de passages de
machines agricoles...

Fruit d'un travail séculaire fait par des hommes et des femmes acharnés à les élaborer et à les entretenir contre les agressions du ciel et du temps, les paysages furent patiemment transmis de génération en génération.

Partie intégrante du patrimoine, ces paysages sont d'une formidable variété. Ici, c'est le règne du bocage : haies, talus, chemins creux, fossés, murets de pierres sèches s'allient pour donner vie aux majestueux clos-masures du pays de Caux, aux parcelles de Provence ou du Languedoc, aux haies vives de Bretagne ou à celles, plus basses, de Bourgogne... En même temps, ils empêchent les animaux de passer d'un pré à un autre, les abritent du soleil et du vent, leur procurent un petit surnuméraire alimentaire, retiennent et régulent les flux et les ruissellements des eaux, et protègent les cultures des bourrasques.

Là, marais, tourbières, étangs et mares règnent. Au sein de cette végétation aquatique désormais protégée se réfugient des colonies d'oiseaux, ce qui n'empêche pas certains aménagements. Salines, marennes et canaux de drainage marquent ainsi les paysages de la Camargue, du Marquenterre, du Marais poitevin, de la Brenne...

Ailleurs, surtout en Méditerranée, des terrasses ont été élaborées sur les pentes au moyen de murs successifs en pierres sèches, les restanques, véritables chefs-d'œuvre réalisés la plupart du temps, on l'a oublié, par les bagnards de Toulon ! Elles accueillent oliveraies, vignobles ou plantes médicinales...

Ailleurs encore, d'amples surfaces géométriques de grandes cultures fortement contras-

Des paysages façonnés par les hommes

tées s'étendent à perte de vue. De vastes champs de céréales, de betteraves, de colza ou de tournesol quadrillent ainsi les étendues à peine ponctuées de rares chemins ou de haies du Bassin parisien, notamment, avant que ne leur succèdent les alignements des labours d'automne.

[1], [2] et [3] Champs de blé en Beauce,
l'un des greniers à blé de notre pays, parcs
de fleurs à Suèvres en Loir-et-Cher, vignes
dorées semblant s'échapper d'un toit alsacien.

3 [1], [2] et [3] La France est une terre agricole : champs de lin en Bourgogne, cultures de maïs dans la Vienne, plants de vigne non loin de Beaune...

[1], [2] et [3] Architecture et végétation contribuent à organiser et à modeler les paysages, ici un sous-bois au bord d'un paisible cours d'eau, là une ferme en Dordogne, là encore des saules les pieds dans l'eau...

[1] Vu du ciel, l'immense quadrillage scintillant des marais salants de Guérande.
[2] Arbres en fleurs sous un ciel printanier en Camargue.
[Double page suivante] Au fil des saisons, les paysages varient : sol gelé et figé que barre une rangée d'arbres dénudés dans la vallée de la Ternoise, dans le Pas-de-Calais.

149

[1], [2] et [3] Magnifiques paysages de notre territoire, modelés par les bras des hommes et leurs machines.
[4] et [page de droite] Des éléments architecturaux anciens, tels les moulins, caractérisent certaines régions, comme ici dans les pays de la Loire et à Venasque, en Provence.

[1], [2] et [3] Les travaux des champs : andains de lin, balles de foin en train de sécher après la moisson, lavande et foin côte à côte en Provence.

[1], [2] et [3] Deux moissonneuses-batteuses à la queue leu leu, tracteurs et rampes pour des traitements industriels : en cinquante ans, les temps ont changé...

155

[1], [2] et [page de droite]
Des rangs de salades, de maïs,
de vignes… Un quadrillage
géométrique qui construit
et ordonne graphiquement
les paysages.

Une allée d'arbres
à Heudicourt, en
Normandie, un petit
matin d'automne.

Grâce à une politique de reboisement des espaces libérés par l'agriculture, la forêt progresse en France, expansion qui, pour des raisons économiques, profite surtout aux résineux, même si l'on comptabilise toujours plus de cent trente espèces d'arbres.

Ne serait-ce que par la surface qu'elles occupent, plus du quart (27 %) du territoire, les forêts françaises tiennent une place capitale dans notre environnement. Elles constituent le troisième massif de l'Union européenne, seulement devancé par ceux de Finlande et de Suède. Les forêts ont fourni et fournissent encore un élément indispensable à notre quotidien, le bois, qui permet aussi bien de se chauffer, de se meubler, de construire des charpentes que de fabriquer du papier. Mais la forêt française recouvre des réalités extrêmement différentes. Quoi de commun entre des futaies de feuillus pénétrées par les rayons du soleil qui viennent caresser des tapis de mousse et les forêts de résineux sombres et froides à première vue moins hospitalières ? Entre des peupleraies normandes de plus en plus nombreuses et des massifs diversifiés où se mêlent arbres et arbustes ? Entre les pinèdes méditerranéennes susceptibles d'être la proie des incendies et les châtaigneraies qui servent de vergers aux troupeaux de porcs ?

Cette variété marque aussi la taille des massifs. Certains d'entre eux, tels ceux de Fontainebleau et des Landes, comptabilisent des dizaines de milliers d'hectares, quand certains bois, comme celui de la Champagne, paraissent d'une dimension dérisoire.

Enfin, la diversité est également la règle en matière de propriété. Contrairement à ce que

Des massifs forestiers

l'on pourrait imaginer, l'État ne possède qu'un peu plus d'un dixième des massifs forestiers, alors que les deux tiers sont la propriété de 3,7 millions de particuliers, ceux-ci étant généralement de tout petits propriétaires puisque les deux tiers d'entre eux détiennent moins de 1 hectare.

[1] et [3] À proximité de la forêt de Fontainebleau qui les inspira, Barbizon donna son nom à une école de peintres autour de Corot, Rousseau, Millet et Daubigny, artistes qui voulaient surprendre « la nature chez elle ». [2] Dans la forêt de Rambouillet, des aurochs ont été réintroduits et vivent en semi-liberté.

3 [1], [2] et [3] Avec son massif de plus de 20 000 hectares, la forêt de Fontainebleau est l'une des plus grandes et des plus belles de France. Forêt royale depuis le XIᵉ siècle, elle devient dès le règne de François Iᵉʳ, un lieu de prédilection pour la chasse, une des passions de ce grand roi de la Renaissance.

[1], [2], [3] et [page de droite] La faune et la flore de la forêt de Fontainebleau comptent parmi les plus riches de France : si chênes et pins sylvestres se partagent la quasi-totalité du massif forestier, elle abrite bien d'autres espèces et une grande variété d'animaux, tels des cerfs, des chevreuils, des renards, des sangliers, des lapins, des lièvres… [Double page suivante] Les pieds dans la bruyère, des troncs bien droits se dressent dans la forêt des Landes : c'était avant la tempête de janvier 2009.

[1] et [2] La forêt mythique de Brocéliande, en Bretagne, continue d'être hantée par les protagonistes de la légende du roi Arthur : Merlin, bien sûr, mais aussi la fée Viviane ou Lancelot. Mais personne à ce jour n'a découvert le rocher d'où Arthur réussit à arracher Excalibur... [3] La fontaine de Barenton a, dit-on, conservé ses vertus magiques.

[1], [2] et [3] Toujours en Bretagne, dans la forêt d'Huelgoat, Arthur et les fées hantent les lieux, et notamment dans les chaos de rochers aux noms évocateurs : grotte du Diable, Roche tremblante...

[1], [2] et [3] Chaque saison embellit la forêt et ses créatures parfois étranges, comme un joli matin d'été encore dans la brume dans les Hautes-Alpes ou un sous-bois endimanché de pourpre dans une lumière d'automne.

Des massifs forestiers

[1] Un canot se laisse bercer tranquillement sur les eaux d'un lac dans l'Aube.
[2] et [3] Les troncs des pins maritimes se lancent à l'assaut du ciel dans le plus grand massif forestier d'Europe occidentale, la forêt des Landes, où se mêlent odeurs de résine et d'humus.

169

La France
et son patrimoine
civil et religieux

Des grottes de Lascaux et de Niaux aux dolmens et aux menhirs de Carnac et de Locmariaquer, plusieurs millénaires ont permis à notre pays de quitter la préhistoire pour entrer dans l'histoire, laissant au passage des chefs-d'œuvre souvent énigmatiques.

Au bout de la pointe de Penn Arlan, sur l'île d'Ouessant, dix-huit petites sentinelles de pierre montent la garde, formant le cromlech du même nom.

Le sous-sol a livré tant d'outils préhistoriques que bien des sites ont servi à classifier les différentes périodes du paléolithique. On parle ainsi de moustérien (du Moustier, en Dordogne), d'aurignacien (d'Aurignac, en Haute-Garonne), de solutréen (de Solutré, en Saône-et-Loire), de magdalénien (de la Madeleine, en Dordogne)... Ce qui allait devenir la France apparaît ainsi comme un espace tout à fait privilégié pour les cultures qui se succédèrent au long de l'âge de la pierre. Outre des objets destinés à satisfaire les besoins vitaux – armes pour chasser ou se défendre, lampes pour s'éclairer... –, la France a conservé de nombreuses grottes sculptées ou peintes, généralement obscures et souterraines, que les spécialistes qualifient de « sanctuaires », en opposition aux salles situées à l'entrée des grottes et qui servaient d'habitations. Il est difficile de déterminer leur rôle, même si une majorité s'accorde à y voir des lieux de rites initiatiques et religieux, même s'il n'y a pas de preuve tangible. Dans ces décors peints avec des pigments naturels, l'animal (bison, cheval, taureau, mammouth...) semble être le roi, l'homme étant le plus souvent réduit à un signe graphique schématisé.

C'est probablement à partir du VIe millénaire avant notre ère que les chasseurs, qui jusque-là s'abritaient du froid dans des grottes, lais-

Les premières traces des hommes

sent la place à des agriculteurs-éleveurs se sédentarisant dans des huttes regroupées en villages. Outre le mobilier important retrouvé dans des tombes à compter du IIe millénaire – vases en céramique, armes, bijoux –, on a conservé nombre de pierres dressées : menhirs, statues-menhirs, dolmens...

Avec des sites tels Carnac [1] ou Gavrinis [2], mais aussi bien d'autres, situés notamment dans le Morbihan [3] et [4], la Bretagne recèle nombre de monuments mégalithiques.

[1], [2] et [3] Les alignements
de menhirs sont disposés
sur de longues lignes soit
parallèles, soit convergentes,
soit en hémicycle – on
les appelle alors cromlechs.

175

[1] et [2] En Ile-et-Vilaine, le dolmen de La Roche-aux-Fées (IVᵉ millénaire) est une tombe à couloir couverte en schiste rouge de près de 20 mètres de long et qui atteint plus de 4 mètres de haut ; certains blocs de pierre sont impressionnants : on estime leur poids à 40 tonnes...

[3] Au nord de Montpellier, le village de Cambous conserve des cabanes ovoïdales vieilles de quatre mille ans et regroupées en hameaux, où cohabitaient paysans et animaux.

[1] À La Chapelle-sous-Brancion, en Bourgogne, un menhir a été coiffé d'une croix sculptée. [2] et [3] Outre les mégalithes, la France conserve d'autres témoignages du paléolithique : des gravures ou des peintures rupestres, ici dans le parc du Mercantour (Alpes-Maritimes) et à Lascaux.

[1] La grotte des Merveilles, à Rocamadour.
[2], [3] et [page de droite] Un menhir « christianisé » en Bretagne, des alignements à Carnac, une statue-menhir à Filitosa, en Corse, sont autant de sites paléolithiques ou néolithiques disséminés sur tout le territoire.

[1] Vallon-Pont-d'Arc (Ardèche) est un haut lieu de la préhistoire avec sa grotte Chauvet, découverte le 18 décembre 1994 et couverte de peintures rupestres.
[2] Brennilis, dans les monts d'Arrée, conserve un dolmen de l'époque néolithique long de 14 mètres et couvert de trois dalles.

[1] L'une des scènes les plus fameuses montre un homme bras étendus et à tête d'oiseau, renversé par un auroch qui l'a chargé.

[2], [3], [4] et [double page suivante] La grotte de Lascaux (XVe millénaire), que l'on a baptisée la « chapelle Sixtine de la préhistoire », ne démérite pas, comme en témoignent ses somptueuses peintures monumentales d'un étonnant réalisme : vaches, taureaux, chevaux, cerfs, aurochs, bouquetins, rennes…

181

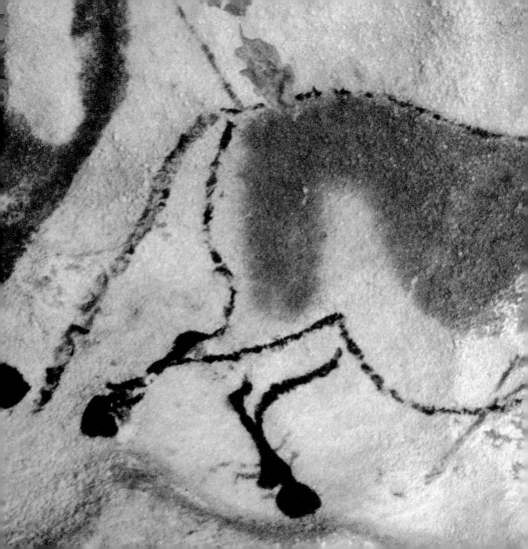

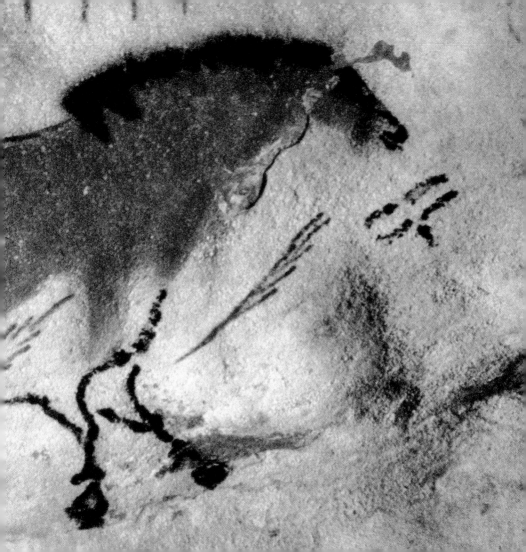

« Il y a deux mille ans, notre pays s'appelait la Gaule et ses habitants étaient les Gaulois », ne cessèrent de ressasser des générations de petits écoliers français. Avec l'arrivée des Grecs puis des Romains sur notre territoire, une autre histoire commençait...

En fait, nos « ancêtres les Gaulois » étaient des Celtes qui, venus au début du IIe millénaire des régions de la mer Noire à la Sibérie, s'étaient installés sur notre territoire, apportant avec eux l'usage du cheval et de la roue. Bientôt les Grecs, avec des comptoirs dans le sud du pays, puis les Romains à partir du Ier siècle avant notre ère n'eurent de cesse de s'emparer de cette Gaule, d'abord dans le Sud, avec la province de Narbonnaise, puis vers l'ouest et le nord du pays. En 52 avant notre ère, quand César finit par faire rendre les armes aux Gaulois retranchés pendant plusieurs semaines dans leur camp d'Alésia, l'issue de la « guerre des Gaules » est claire : la Gaule appartient désormais à l'Empire romain. Comme toujours lors de leurs conquêtes, les Romains respectent us, coutumes et croyances de ceux qu'ils soumettent, et, même si la langue latine s'impose, bientôt se développe un art gallo-romain où se côtoient dieux gaulois et divinités romaines, culte de l'empereur et croyances anciennes.

Pendant cinq siècles, la Gaule connaît une période de très grande prospérité économique dont les réseaux de routes, les ponts, les aqueducs, les temples, les thermes, les stades, les théâtres constituent encore autant de témoignages inscrits dans la pierre. La France conserve ainsi parmi les plus beaux des vestiges romains. Rien de plus aisé que

L'empreinte gallo-romaine

d'imaginer à Nîmes la vie sur le forum, à l'ombre de la Maison carrée, ou les spectacles qu'abritaient ses arènes – combats de gladiateurs et de fauves, courses de chars ou de chevaux, pantomimes. Et que penser du plus impressionnant pont du monde romain conservé, le pont du Gard ?

[1] et [2] L'amphithéâtre de Nîmes fut pendant toute la période romaine le lieu de spectacles divers : pantomimes, courses de chars ou de chevaux, chasses, combats de gladiateurs et de fauves...

[1] L'amphithéâtre de Saintes est l'un des plus anciens de Gaule.
[2] L'amphithéâtre d'Arles est construit sur le modèle du Colisée de Rome.
[3] et [4] Le théâtre d'Orange est le mieux conservé de tout l'Empire
romain : son mur de scène, de 37 mètres de haut, est le seul au monde
à avoir traversé le temps. Le mur intérieur est dominé par une statue
d'Auguste, sous le règne duquel le théâtre fut construit.

[1] Arles recèle
un nombre important
de vestiges romains.
[2] La ville de Vienne
abrite un forum.
[3] Saintes abrite
un amphithéâtre
de forme elliptique
adossé à une colline.

[1] et [2] Des théâtres de l'époque romaine sont également conservés à Lyon, avec l'antique *Ludgunum*, et à Autun, le plus grand de la Gaule, puisqu'il pouvait contenir jusqu'à 20 000 spectateurs.

[1] La colline de Cimiez, à Nice, conserve de nombreux vestiges gallo-romains : un petit amphithéâtre et un ensemble très complet de thermes. [2] L'antique Glanum, à Saint-Rémy-de-Provence. [3] Majestueux, l'arc de triomphe d'Orange est un des plus anciens arcs à trois passages du monde romain.

[1] et [3] Les Fontaines-Salées, à Saint-Père-sous-Vézelay, datent du IIe siècle. [2] Un arc gallo-romain sur la vieille nationale 7, qui emmena des générations de vacanciers de Paris à Cannes avant la création de l'autoroute du Sud...

191

[1] et [2] Immortalisée par Van Gogh et Gauguin, la nécropole des Alyscamps, à Arles, présente une belle allée bordée de tombeaux. [3] et [4] Les Romains étaient de grands constructeurs d'aqueducs ; le plus fameux est le pont du Gard. [Page de droite] Dix-huit siècles plus tard, le pont du Gard inspira l'aqueduc Saint-Clément, à Montpellier. [Double page suivante] L'amphithéâtre d'Arles a été construit sous le règne de l'empereur Trajan, vers 95.

Après la chute de l'Empire romain due aux incessantes invasions germaniques venues de l'est, le roi des Francs, Clovis (481-511), en se convertissant, inscrit dans le christianisme le destin de la Gaule franque.

C'est à partir de cette conversion que le territoire commence à voir fleurir d'innombrables fondations chrétiennes. On élève de nombreux baptistères, mais aussi des cryptes et des églises, le plus souvent sur les reliques de saints personnages. Bon nombre de ces fondations sont parvenues jusqu'à nous : à Jouarre, les cryptes mérovingiennes datées de 660, qui comptent donc parmi les plus anciennes d'Europe, abritent les tombes des fondateurs de l'abbaye et des premières abbesses. À Poitiers, le baptistère Saint-Jean est plus ancien encore, puisqu'il fut édifié à partir de 350. Au fil de son histoire, la fille aînée de l'Église multiplie les édifices en adoptant les styles les plus divers : roman, gothique, classique, parfois baroque, jusqu'aux constructions en fer du XIXᵉ siècle et dans les matériaux les plus novateurs du XXᵉ, comme le béton armé ou le verre. De l'église Notre-Dame d'Orcival, fleuron de l'art roman auvergnat, à la chapelle Notre-Dame-du-Haut de Ronchamp, édifiée sur les plans de Le Corbusier en 1955, en passant par la Sainte-Chapelle, monumental reliquaire gothique commandité par le roi de France Saint Louis pour abriter les reliques de la croix et de la couronne d'épines du Christ, toutes les époques ont laissé d'innombrables témoignages de cette architecture chrétienne. Ainsi, il n'est pas rare qu'un modeste village recèle plusieurs

Les premiers bâtiments religieux

sanctuaires dont la simplicité ou la modestie n'entament aucunement la beauté. Et, dans bien des cas, ces lieux saints conservent un élément d'architecture ou de sculpture remarquable – tympan sculpté, fresques, boiseries, tour, clochers, autel, relief, rondebosse, etc.

[1] En Bourgogne, le clocher octogonal de l'église romane d'Anzy-le-Duc, l'un des plus beaux de la région, s'inspire des modèles italiens, avec ses trois étages de baies.
[2] À Poitiers, le baptistère Saint-Jean, construit vers 350, compte parmi les plus anciens édifices chrétiens de France.
[3] Édifiée au XVIIᵉ siècle, l'église en granite breton de Ploumilliau (Côtes d'Armor) s'impose sur la place du bourg.

[1] À Brantôme (Dordogne),
l'église de l'abbaye arbore
un magnifique clocher,
peut-être du XIᵉ siècle.
[2] De la même époque
daterait un étrange édifice,
aujourd'hui ruiné, construit
à Lanleff (Côtes-d'Armor)
par les Templiers sur
le modèle du Saint-
Sépulcre de Jérusalem.
[3] À l'ombre de quelques
cyprès, la chapelle Saint-
Sixte, non loin d'Eygalières
(Bouches-du-Rhône).

199

[1] et [2] Nombre de grandes églises furent bâties à partir du Moyen Âge le long des routes de pèlerinages, comme à Conques (Aveyron) ou au Puy. [3]Construite entre 1883 et 1889 à la suite des apparitions de la Vierge à Bernadette, la basilique du Rosaire est l'un des trois grands sanctuaires de Lourdes.

[1] Des sculptures ornent chapelles, portails et colonnes des édifices religieux, comme ces apôtres dans la chapelle de Kermaria an Iskuit (Côtes d'Armor).
[2] et [3] Sculptures diverses à Saint-Philibert de Tournus, avec notamment les deux statues-colonnes figurant les deux saints patrons de l'abbaye : saint Valérien, avec la palme du martyre, et saint Philibert, avec sa crosse d'évêque.

[1] La crypte de Saint-Eutrope, à Saintes, compte parmi les chefs-d'œuvre du roman saintongeais.
[2] et [3] Commencé au XIIIᵉ siècle pour l'ordre des Dominicains qui venait d'être créé par saint Dominique, le couvent des Jacobins, à Rennes, est fameux pour sa voûte en palmier et son clocher.
[4] et [page de droite] Édifiée dans un style romano-byzantin à partir de 1863, Notre-Dame-de-la-Garde veille sur Marseille du haut de son piton rocheux.

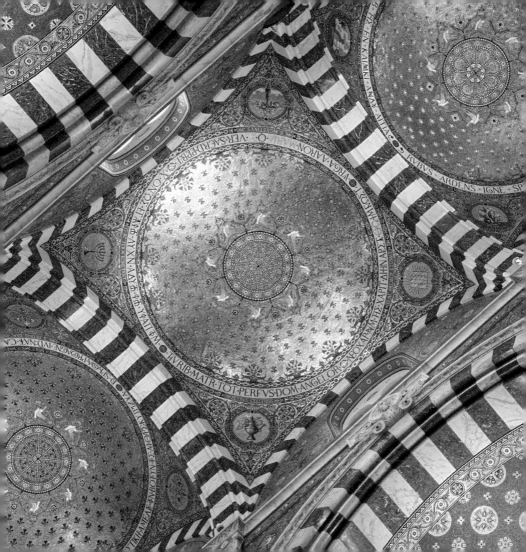

[1] et [2] Des fresques
romanes décorent
l'église basse
de Saint-Aignan à
Saint-Aignan-sur-Cher
(Loir-et-Cher).
[3] À Notre-Dame-
la-Grande, à Poitiers,
une mise au tombeau
polychrome de style
Renaissance occupe
la chapelle du Fou.

[1] Construite en moins de deux décennies à partir des dernières années du XIᵉ siècle, la basilique de Paray-le-Monial (Saône-et-Loire) fut une fondation de Cluny, qu'elle évoque dans des dimensions plus modestes.
[2] et [3] À Poitiers, Notre-Dame-la-Grande arbore une façade occidentale rythmée d'arcatures et de voussures ornées de sculptures.

[1], [2] et [3] Au château de la Bastie d'Urfé (Aveyron), transformé en résidence Renaissance au XVIᵉ siècle, le nymphée, appelé aussi salle des fraîcheurs, s'inspire de l'architecture italienne.

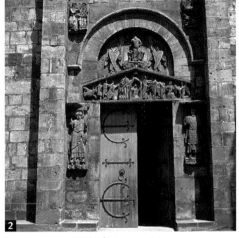

3 À chaque région ses matériaux.
[1] Calcaire clair pour l'abbaye
aux Dames de Saintes.
[2] et [3] Arkose dorée
et pierre de lave grise
pour Notre-Dame-du-Port,
à Clermont-Ferrand.

207

[1] La mosaïque du IXᵉ siècle ornant la voûte de l'oratoire de Germigny-des-Prés (Loiret) figure l'arche d'Alliance, un thème rarement représenté. [2] et [3] Fresques, à l'image de celle du baptistère Saint-Jean-de-Poitiers, et sculptures, comme ce saint Georges, à Pérouges (Ain), ornent nombre d'édifices.

[1] La façade sculptée de l'église de Petit-Palais-et-Cornemps (Gironde) se développe sur trois étages.
[2] Le triple portail de Saint-Gilles-du-Gard(Gard) témoigne de son rayonnement passé.
[3] À Semur-en-Auxois, de la nef de Notre-Dame est soutenues par de fines colonnes.

[1] L'unique cathédrale réalisée en France au XXe siècle est celle d'Évry. Elle est due à Mario Botta. [2] et [3] La Sainte-Chapelle, sur l'île de la Cité, à Paris, a été construite au XIIIe siècle. [Page de droite] Six siècles plus tard fut édifiée la basilique du Sacré-Cœur de Montmartre. [Double page suivante] Sur la route de Saint-Jacques, la collégiale Saint-Pierre est flanquée d'une sacristie décorée de superbes fresques, notamment dans les compartiments de la voûte, où seize anges se déploient avec grâce.

Parfois de dimensions modestes, souvent grandloses lorsqu'elles furent construites à l'époque gothique, les cathédrales ont durablement marqué le paysage urbain de la France...

Au cœur de l'île de la Cité, l'évêque de Paris Maurice de Sully, décide au XIIe siècle la construction d'une nouvelle cathédrale, dans ce style gothique apparu dans le chœur de Saint-Denis consacré en 1144.

Comme toute institution qui prend son essor, l'Église ne tarde pas à s'organiser hiérarchiquement : avec un évêque à la tête de chaque diocèse est élevée une cathédrale, du latin *cathedra*, nom donné au siège de l'évêque. Les premières sont romanes, mais, souvent victimes d'incendies ou de destructions, elles sont reconstruites en partie ou en totalité dans un style nouveau, apparu en Île-de-France vers le milieu du XIIe siècle, le gothique. Suivant les régions, ce style se substitue peu à peu au roman pour rayonner bientôt dans toute l'Europe, parfois jusqu'au XVIe siècle. En utilisant la voûte sur croisée d'ogives et les arcs-boutants, les cathédrales gothiques gagnent en hauteur ; les murs s'effacent au profit de grandes ouvertures que viennent orner de superbes vitraux, notamment dans les rosaces. De même, les portails offrent de vastes espaces dévolus à des programmes sculptés monumentaux. C'est peut-être pendant le règne de Saint Louis, dans la première moitié du XIIIe siècle, que l'art gothique atteint son apogée. Certaines cathédrales sont élevées en un temps record : il ne faut par exemple pas plus de trente ans pour édifier celle de Chartres. Par la suite, les édifices deviennent de plus en plus vertigineux, tandis que les lignes s'affinent et se complexifient, jusqu'à ce que l'effondrement de la voûte de la cathédrale de Beauvais donne un coup d'arrêt à cette compétition. Répandues surtout dans la partie la plus septentrionale de la France, nombre de cathédrales sont

Les cathédrales à l'assaut du ciel

placées sous le patronage de la Vierge : il en est ainsi de celles de Chartres, de Paris, de Reims, de Laon, de Strasbourg... Et si, après la fin du gothique, ces monuments adoptent bien des styles, il n'en reste pas moins que dans l'imaginaire collectif, cathédrale signifie voûtes et flèches gothiques.

[1], [2] et [3] Arcs-boutants, rosaces et portails sculptés caractérisent notamment le nouvel art gothique.

[1], [2] et [3] Après
l'Île-de-France,
les cathédrales
gothiques se multiplient
sur tout le territoire,
comme à Amiens,
à Reims et à Vienne.

[1] Un Christ en majesté cantonné par des anges orne le portail de la cathédrale d'Angoulême dédiée à Saint-Pierre. [2], [3] et [4] À Bourges, la cathédrale Saint-Étienne, exceptionnelle notamment pour ses vitraux et ses sculptures, est classée au patrimoine mondial. [Page de droite] La cathédrale de Laon est antérieure à celle de Bourges.

[1] à [4] Après les premières cathédrales commencées au XIIᵉ siècle et souvent rapidement achevées, d'autres chantiers traversent plusieurs siècles, comme ceux de Tours, d'Angoulême, Orléans ou de Périgueux.

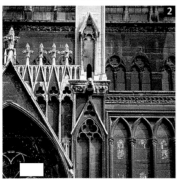

[1] et [3] La cathédrale
de Beauvais marqua
un coup d'arrêt dans
la course aux défis
architecturaux, puisque
le chœur gothique
le plus haut du monde
s'effondra en 1284
et que la cathédrale
ne fut jamais achevée.
[2] Détail architectural
de la cathédrale de Metz.

221

[1] et [2] Fenêtres à remplages, roses rayonnantes, arcs-boutants, gâbles et pinacles, ici à Rouen, viennent compléter la voûte sur croisée d'ogives, élément essentiel du style gothique.

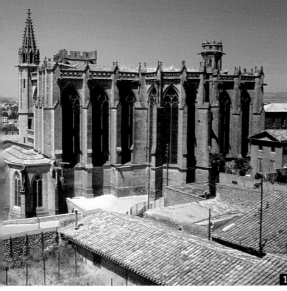

[1] La cathédrale de Carcassonne adopte une architecture spécifique, avec une nef unique. [2] Les portails gothiques sont ornés de sculptures, comme ici à Reims. [3] et [4] À Rouen, la nef compte quatre niveaux : grandes arcades, fausses tribunes, triforium et fenêtres hautes. [Double page suivante] La cathédrale Saint-Pierre-et-Saint-Paul de Troyes conserve de sublimes verrières.

Matériaux et styles diffèrent
d'une cathédrale à l'autre,
de Senlis (Oise) [1] au Puy [3],
en passant par Poitiers [2].

[1] et [2] La cathédrale Saint-Sauveur, à Aix-en-Provence,
rassemble un très grand nombre de styles architecturaux,
les principaux étant le roman et le gothique.
[3] La cathédrale Sainte-Marie-Majeure, à Marseille,
n'a rien à voir avec le gothique, puisqu'elle adopte un style
romano-byzantin du XIXe siècle !

227

[1] À Laon, les seize protomés de bœufs placés sur les tours seraient un hommage à ceux qui hissèrent les lourdes pierres depuis les carrières jusqu'à la colline où s'élève la cathédrale. Conduits d'évacuation des eaux, les gargouilles, qui revêtent souvent la forme d'une figure fantastique, appartiennent au vocabulaire gothique.

[2] et [3] Accrochées le long des façades de Notre-Dame de Paris, des gargouilles surveillent la Seine et la cathédrale de pierre avec ses portails ; ici, le portail du Jugement dernier.

2 [1] et [2] À Saint-Malo ou à Paris, comme dans la plupart des cathédrales, les roses apparaissent aux pignons des façades et des transepts.

[1], [2] et [3] À Saint-Denis, qui n'est devenue cathédrale qu'en 1966, la conception architecturale doit beaucoup à l'abbé Suger, alors à la tête de l'abbaye, et qui était aussi un proche conseiller du roi de France. En décidant de percer sa basilique de grandes verrières, il faisait siennes certaines théories sur la lumière qui affirmaient qu'elles permettaient d'accéder au divin : d'une certaine façon, il inventait ainsi l'art gothique.

[1] Saint-Denis est aussi la nécropole des rois de France : ici, Louis XVI et Marie-Antoinette.
[2] À la cathédrale de Senlis, une des sculptures figure Hugues Capet. C'est dans cette ville qu'en 987 l'archevêque de Reims proposa à l'assemblée des barons de choisir pour roi Hugues Capet.
[3] La cathédrale de Noyon, en Picardie, fut édifiée vers le milieu du XIIe siècle. L'élévation de la nef est à quatre niveaux : grandes arcades, tribune, triforium et fenêtres hautes.
[Double page suivante] Coupoles à l'extérieur, mosaïques à l'intérieur, la cathédrale de Sainte-Marie-Majeure, à Marseille, emprunte au style byzantin tout en y associant certains caractères romans et gothiques, illustrant l'éclectisme caractérisant le XIXe siècle.

231

Vézelay, Cluny, le Mont-Saint-Michel : la France ne recèle-t-elle pas les plus prestigieuses abbayes du monde, et avec elles les plus grandes figures d'abbés, tels saint Martin à Marmoutier, saint Honorat à Lérins, saint Bernard à Fontenay ou l'abbé de Rancé ?

Perdues au fond d'un vallon ou perchées sur une colline, parfois réduites à quelques pans de murs envahis par le lierre, les abbayes tissaient, il n'y a pas si longtemps, un véritable réseau qui couvrait tout le territoire. Car c'est à partir du IVe siècle que des hommes et des femmes commencent à renoncer au monde pour construire et aménager des abbayes, et y vivre dans la prière et le travail, comme le rappelle la traditionnelle devise de ces moines : « *Ora et labora* », « Prie et travaille ». Même si elles diffèrent les unes des autres, des éléments architecturaux sont souvent organisés selon le même plan pour la simple raison qu'on y adopte un rythme de vie et un type d'occupation assez

proches : une église ouverte sur l'extérieur bordant l'un des côtés du cloître, une salle capitulaire où les moines se rassemblent en chapitre (*capitulum*) sous l'autorité du père abbé, un réfectoire, un dortoir, une hôtellerie qui accueille pèlerins et voyageurs...

Outre les heures qu'ils consacraient à la prière, les moines eurent longtemps dans l'économie, et notamment au Moyen Âge, un rôle prépondérant dans son développement : défrichage de zones incultes, conception et installation de systèmes hydrauliques ingénieux, construction d'équipements liée à la forge et aux mines, introduction de nouvelles cultures... En outre, ils jouèrent un rôle capital dans la conservation de la culture

Les abbayes et les cloîtres

médiévale, puisque beaucoup d'abbayes abritaient un scriptorium où les moines passaient leur journée, entre les offices, à recopier, et parfois enluminer, des manuscrits qui, sans cela, auraient peut-être disparu. C'est aussi cette vie-là qu'évoquent aujourd'hui toutes ces abbayes.

[1] Voûtée sur croisée d'ogives, la salle capitulaire de l'abbaye cistercienne de Fontenay, fondée par saint Bernard de Clairvaux, ouvre d'un côté sur le cloître.
[2] Ce portail à double porte donne accès au scriptorium et à la salle capitulaire.
[3] Bénédictine, l'abbatiale de la Sauve-Majeure (Gironde), bien qu'en ruine, conserve de grandioses vestiges.

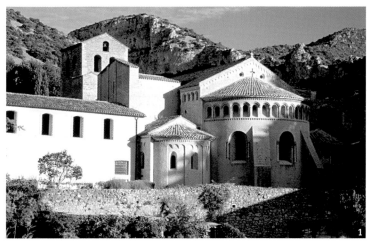

[1], [2], [3] et [4] Entre richesse et pauvreté : de l'hôtel des abbés de Cluny, à Paris, au dépouillement de Saint-Guilhelm-le-Désert (Hérault) et de Montmajour, près d'Arles.

[1] et [3] Le cloître, avec ses armées de colonnes aux chapiteaux sculptés, est l'un des éléments centraux de la vie monastique : ici, Saint-Jean-des-Vignes, à Soissons (Aisne).
[2] À Serrabone, près de Perpignan, les chapiteaux en marbre rose de la galerie sont historiés.

[1] L'abbatiale de l'abbaye royale de Fontevraud (Maine-et-Loire) abrite les gisants polychromes d'Henri II et de son épouse, Aliénor d'Aquitaine.
[2] Émergeant des ruines de La Sauve-Majeure (Gironde), le haut clocher de cette abbaye témoigne de l'éclat de son passé.
[3] Exclusivement dirigée par des femmes, l'abbaye royale de Fontevraud, fondée par Robert d'Arbrissel vers 1101, s'attira la protection des puissants de ce monde, notamment les Plantagenêts.

[1] et [2] La Normandie conserve de nombreuses abbayes, dont certaines sont des joyaux, telle l'abbaye aux Hommes, à Caen, miraculeusement épargnée par les bombardements de la Seconde Guerre mondiale. [3] L'abbaye Saint-Georges de Boscherville est un autre exemple de ce formidable patrimoine normand.

7 [4] à [7] Au cœur de la forêt d'Ermenonville, l'ancienne abbaye de Chaalis (Oise) dresse fièrement les ruines de son abbatiale cistercienne gothique. Plus tard, la chapelle de l'Abbé fut décorée de fresques Renaissance par le Primatice.

241

[1] L'unique et large nef de l'ancienne abbatiale romane de Sainte-Marie, à Souillac, en Dordogne.
[2] et [3] Les majestueuses ruines de l'abbaye de Jumièges, en Normandie.
[4] et [page de droite] Le Mont-Saint-Michel, imposant et magistral.

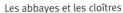

Les abbayes et les cloîtres

6 [1] à [6] Aux îles de
Lérins, à Cadouin, à
Pontigny, à Royaumont,
à Saint-Winoc, à
Bergues, à Bec-Hellouin
(Eure), tous ces lieux
inscrits dans nos
mémoires rétiniennes
évoquent des abbayes
qui connurent chacune
leurs heures de gloire.

[1] à [6] Situé au pied des hautes falaises du Vercors, le monastère Saint-Antoine-le-Grand, à Saint-Laurent-en-Royans, a été fondé en 1978 et est décoré de fresques murales réalisées par Iaroslav et Galina Dobrynine.

[Double page suivante] Creusées dans les falaises calcaires, des grottes, situées derrière Brantôme (Dordogne), servaient de dépendances à l'abbaye. Impressionnante, la grotte du Jugement dernier est ornée de deux bas-reliefs, un Triomphe de la mort et, à droite, une Crucifixion.

247

[1] L'abbatiale d'Ebersmunster, en Alsace, fut remaniée aux XVIIe et XVIIIe siècles. [2] Le monastère royal (XVIe siècle) de Brou, à 1 kilomètre de Bourg-en-Bresse, avec sa tour et ses toits en tuiles vernissées. [3] Saint-Martin-du-Canigou (Pyrénées-Orientales), planté sur son roc. [Page de droite] Les vitraux ornent nombre d'abbayes, même si la règle cistercienne imposa longtemps de renoncer à tout décor.

O n les oublie peut-être, on ne les voit quasiment plus, mais certains bâtiments rappellent l'ancrage chrétien de la France et de son patrimoine : cimetières, croix et calvaires au bord des routes, enclos paroissiaux, lanternes des morts, croix hosannières...

Indéfectiblement liés à la Bretagne qui en conserve un grand nombre et souvent en très bon état, les enclos paroissiaux y fleurirent pendant des siècles, surtout à partir de la Renaissance. Leur implantation et leur plan sont caractéristiques. Situés à proximité de l'église et du cimetière, ils sont généralement surélevés et toujours entourés d'un mur percé de plusieurs portes afin d'éloigner tout bétail. La porte principale, souvent triomphale, concentre d'innombrables surcharges décoratives... Car, entre les paroisses, c'est un peu la surenchère, et chacune y va de ses commandes pour posséder l'enclos paroissial le plus imposant. Plantés d'arbres, les enclos paroissiaux servaient de lieu transitoire où les processions, à mi-chemin entre l'espace sacré de l'église et l'espace profane du village, pouvaient stationner. Les calvaires, souvent situés à l'intérieur de ces enclos mais pas toujours, formaient un imposant ensemble sculpté. Ailleurs qu'en Bretagne, de nombreux calvaires jalonnent les routes. À ces enclos paroissiaux et ces calvaires, il faut ajouter les cimetières. Par leur situation, certains ont un charme indéniable, admirablement évoqué par la plume de Valéry qui, au sujet de celui de Sète, parlait de « ce toit tranquille où marchent les colombes ».

Un patrimoine architectural religieux

Enfin, dans le Centre-Ouest surtout, les lanternes des morts, édifices maçonnés en forme de tours généralement creuses surmontées d'un pavillon ajouré et d'une croix, abritaient une lumière allumée à la nuit tombée, censée guider les âmes perdues des disparus.

Cimetières, comme celui, paisible, de Sète [1], mais aussi calvaires, comme à Tronoën (Finistère) [2] ou à Saint-Thégonnec (Finistère) [3].

Les croix rappellent au détour des chemins le fondement chrétien de notre culture : à Gignac (Hérault) [1], à Bréhat (Côtes-d'Armor) [2] ou encore à Saint-Michel-en-Grève (Côtes-d'Armor) [3].

[1] Enclos paroissiaux et calvaires, comme à Locronan, constituent les ensembles architecturaux les plus caractéristiques de Bretagne.
[2] Certains calvaires sont impressionnants, tel celui de Plougastel-Daoulas (Finistère), édifié, comme beaucoup d'entre eux, pour conjurer la peste – celle de 1598.
[3] D'autres calvaires sont plus modestes, comme celui de Nizon (Finistère), immortalisé par Gauguin.

[1] Le monumental calvaire de Pleyben (Finistère), avec ses multiples personnages mettant en scène la Crucifixion, mais aussi une Mise au tombeau, un Lavement des pieds et la Cène. [2] et [3] D'autres calvaires, sur de plus modestes églises paroissiales, ne convoquent que quelques personnages.

[1] Sur fond de tour Montparnasse, le cimetière du même nom.
[2], [3], [4] et [page de droite] De tous les cimetières parisiens,
le Père-Lachaise, qui tire son nom du célèbre confesseur
de Louis XIV, est l'un des plus charmants au monde, non
seulement à cause des célébrités qui y sont enterrées, mais
aussi parce que sa conception, due à l'architecte néoclassique
Brongniart au tout début du XIXᵉ siècle, est originale :
sorte de jardin à l'anglaise pourvu d'allées, bientôt enrichi
de splendides monuments sculptés dus à d'illustres artistes.
[Double page suivante] Perdu au milieu du vignoble alsacien
de Blienschwiller, un Christ en croix tend désespérément les bras
vers un ciel chargé de lourds nuages. L'averse n'est pas loin.

Joyau des châteaux
de la Loire, Chenonceau,
édifié par Philibert Delorme
au tout début du XVIᵉ siècle,
enjambe le Cher.

Au long de son histoire, le territoire français s'est hérissé de châteaux fortifiés d'abord assez rudimentaires qui, avec le temps, se sont complexifiés avant d'abandonner toute fonction militaire...

Simples constructions installées sur une motte de terre élevée où les populations venaient se réfugier en cas de menace, les premières constructions féodales s'organisent bientôt pour accueillir la maisonnée du seigneur tout en assurant sa défense avec une tour en bois puis en pierre. Les châteaux forts deviennent ainsi rapidement le symbole du pouvoir des seigneurs avec lesquels la puissance royale est bien forcée de négocier. Tandis qu'ils se multiplient sur tout le territoire, ils s'équipent et se perfectionnent dans leurs modes de construction : murailles, donjons et portes, créneaux et merlons, hourds et bretèches, archères et assommoirs, murs renforcés par des chaînages de pierre et des bossages. Souvent de plan géométrique, ils adoptent des plans plus complexes lorsqu'ils sont installés sur des sites escarpés afin de profiter au mieux de cette situation dominante.

Progressivement, tandis que le pouvoir royal s'établit sur tout le territoire au détriment du système féodal, le château fortifié laisse la place à des châteaux plus résidentiels. Ce sont d'abord les rois qui font édifier des châteaux d'un nouveau type, influencés par la Renaissance italienne qu'ils ont découverte lors des campagnes d'Italie. C'est la grande époque des châteaux de la Loire, puis de ceux en région parisienne, tels Fontainebleau, l'aile Lescot du Louvre ou Écouen. Un siècle plus tard, avec le règne des Bourbons, apparaît le

Les petits et grands châteaux

château classique à la française dont le symbole le plus parlant est Versailles, qui affirme le pouvoir du Roi-Soleil.

Plus éloignés du pouvoir, les aristocrates provinciaux reprennent les modèles parisiens qu'ils adaptent en fonction de contraintes diverses, mais c'est désormais le château résidence des puissants qui s'impose partout.

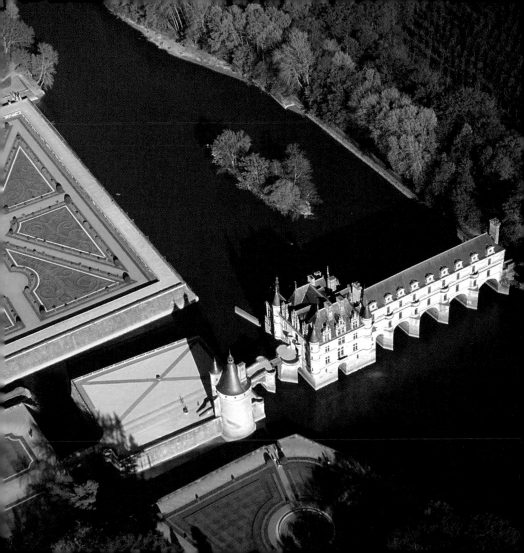

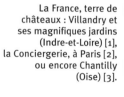

La France, terre de châteaux : Villandry et ses magnifiques jardins (Indre-et-Loire) [1], la Conciergerie, à Paris [2], ou encore Chantilly (Oise) [3].

[1], [2] et [3] Chef-d'œuvre du XVIIᵉ siècle construit à la gloire du Roi-Soleil, Versailles fut le grand chantier du plus puissant roi d'Europe : ici, l'aile du Midi, le petit temple de l'Amour au Trianon et la fameuse galerie des Glaces.

[1], [2] et [3] Il n'est pas de siècle où l'on n'ait pas construit des châteaux, comme en témoigne l'escalier François-Ier (xvie siècle) du château de Blois, le château néo-Renaissance de Monte-Cristo à Marly-le-Roi, commandé par Dumas (xixe siècle), ou celui de Maintenon (à partir du xvie siècle). [4] Nommé le « petit Versailles », le château de Herrenchiemsee du roi fou Louis II de Bavière compte parmi les nombreux châteaux inspirés par Versailles.

3 [1] et [2] Azay-le-Rideau et Saumur comptent parmi les merveilleux châteaux de la Loire. [3] Le château d'Haroué (XVIIIᵉ siècle), en Meurthe-et-Moselle, est l'œuvre de Germain Boffrand, l'un des plus grands architectes de son temps.

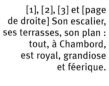

[1], [2], [3] et [page de droite] Son escalier, ses terrasses, son plan : tout, à Chambord, est royal, grandiose et féerique.

[1] Le château de Carrouges, dans l'Orne, avec son pavillon d'entrée cantonné de tourelles rondes. [2] Bien des châteaux français gardèrent pendant longtemps des allures de forteresse, tel celui d'Angers. [3] Le château de Fougères, dont Lawrence d'Arabie avait dit : « Il n'y a pas d'extérieur plus beau, j'en suis certain. »

Par leur nombre exceptionnel et leur richesse architecturale, les châteaux de France forment un patrimoine unique : ici, Oléron [1], Hautefort [2], en Dordogne, et Cantenac-Brown [3], dans le Médoc, construit par un Anglais ami de Toulouse-Lautrec au XIXᵉ siècle.

[1] et [3] Symboles de l'histoire mouvementée du Languedoc, les châteaux cathares, tels Puylaurens ou Peyrepertuse, furent baptisés « citadelles du vertige ».
[2] En Limousin, le château de Lastours a conservé plusieurs donjons, dont le plus ancien remonte au XIIᵉ siècle.

[1] et [2] Entourée de deux enceintes, la cité fortifiée de Carcassonne intègre dans ses remparts le château comtal.

[3] Du château de Crussol (Ardèche), perché à 200 mètres au-dessus du Rhône, le panorama est incroyablement vaste.

[1] et [2] Les châteaux eurent d'abord une vocation défensive, à l'image de celui des comtes de Foix, qui domine la cité de ses trois tours, ou du château de Losse, en Dordogne.
[3] Puivert fut pris par Simon de Montfort au bout de trois jours, les hommes s'étant tous enfuis par le réseau de souterrains.
[Page de droite] Le château de Puilaurens (Aude) fut également la cible des attaques de l'armée de Simon de Montfort.
[Double page suivante] Clair de lune sur le donjon et la citadelle de Quéribus (Aude), non loin de Cucugnan.

[1], [2] et [3] Les châteaux de Saint-Vidal et de Lavoûte-sur-Loire, tous deux localisés en Haute-Loire, sont en très bon état, tandis qu'il ne reste que des vestiges des fortifications de Saissac (Aude). [4] En Bretagne, la vieille ville de Dinan, ceinturée de remparts, semble toujours défendue par son château.

[1] Considérablement restauré au XIXe siècle par Viollet-le-Duc, le château de Pierrefonds, en Picardie, avec ses tours et ses donjons, fut sauvé de la ruine. [2] L'austère donjon carré cantonné de quatre tours rondes d'Anjony, dans le Cantal, abrite une seule pièce par étage.

[1] et [2] Selon la légende, alors que Dieu répartissait les châteaux en puisant dans son sac, ce dernier se perça au-dessus du Périgord, et c'est ainsi que tous les châteaux qui lui restaient se répartirent dans cette région. Situés dans des sites improbables, Beynac-et-Cazenac (Dordogne) et Belcastel (Aveyron) en faisaient-ils partie ?
[3] Plus tranquille, le château Grimaldi, à Antibes, qui abrita l'atelier de Picasso.

[1] En Bretagne, le site spectaculaire du fort La Latte servit bien souvent de cadre au tournage de films.
[2] À Bouziès, dans le Lot, le château dit « des Anglais » a été construit à flanc de falaise dans une brèche située entre deux rochers.
[3] Immense vaisseau de pierre tourmenté, Les Baux-de-Provence (Bouches-du-Rhône) abritent un château fortifié fantôme dominant d'abruptes falaises.

281

En arrière de la plage,
les restes d'un blockhaus
remontant à la Seconde
Guerre mondiale.

Les guerres ont laissé bien des traces, spécialement dans le Nord et le Nord-Est du pays. Mémoriaux, tranchées, ossuaires, monuments aux morts, ligne Maginot constituent autant de témoins de ces pages sanglantes...

Datant de la Première Guerre mondiale, à Verdun, les champs de bataille et les galeries souterraines où les soldats s'abritaient entre deux offensives évoquent l'enfer enduré par ces hommes : entre février 1916 et août 1917, 800 000 d'entre eux y trouvèrent la mort. De même, cimetières et monuments qui bordent le légendaire Chemin des Dames rappellent les âpres combats des troupes ennemies pour défendre cette ligne de crête, tout comme l'ossuaire de Douaumont où les restes de 130 000 soldats non identifiés furent enterrés. Dans le Pas-de-Calais, à Notre-Dame-de-Lorette, des milliers de petites croix blanches signalent les dépouilles des soldats français tombés là entre octobre 1914 et octobre 1915. Construite entre 1927 et 1936, la ligne Maginot était équipée de tourelles, d'ouvrages d'artillerie et de dizaines de kilomètres de galeries souterraines, dont certaines ont été conservées.

Les plages du débarquement, leurs monuments et leurs cimetières rappellent les combats de la Seconde Guerre mondiale. Mais ce sont peut-être les ruines d'Oradour-sur-Glane, non loin de Limoges, qui ont laissé dans la pierre le témoignage le plus terrible de ces années noires ; c'est là que, le 10 juin 1944, quatre jours après le débarquement, les Allemands décident une action visant à impressionner les populations : à quelques exceptions près, ils mitraillent ou brûlent vive

Les vestiges
des champs de bataille

toute la population – dans l'église où ils avaient été enfermés, deux cents enfants de moins de quatorze ans périssent dans les flammes. Ce village fantôme fut laissé en l'état, avec les carcasses de voitures, des pans de mur à l'abandon où traînent quelques rares objets domestiques...

3

[1] Des vestiges de toutes sortes hantent encore les plages du débarquement en Normandie.
[2] et [4] Embarcations militaires à Omaha Beach.
[3] Barbelés faisant face à la pointe du Hoc.

[1] et [2] Des installations édifiées à Arromanches, lorsqu'il fut décidé qu'il serait le port artificiel du jour J.

285

[1] Installée en haut de la falaise de Longues-sur-Mer (Calvados), cette batterie allemande était équipée de quatre canons d'une portée d'une vingtaine kilomètres.
[2] Le tank Sherman « Berry au Bac » appartenant à la 2ᵉ division blindée du général Leclerc et dominant la plage d'Arromanches ; une plaque porte les noms des cinq membres d'équipage.

Les vestiges des champs de bataille

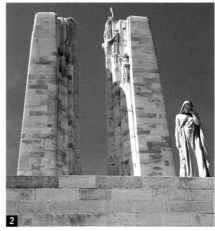

[1] Commémorant
la Première Guerre mondiale,
le mémorial d'Abbeville.
[2] et [3] À Vimy (Pas-de-
Calais), le cimetière près
d'Arras évoque les terribles
batailles qui se déroulèrent
sur la crête et où nombre de
Canadiens périrent en 1917.

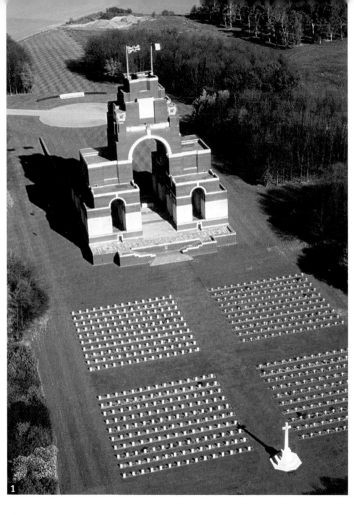

[1] Le mémorial franco-anglais de Thiepval (Somme).
[2] Le mémorial et le cimetière allemand de La Cambe (Calvados).
[3] Nombre de monuments, comme ici à Calais, rendent hommage aux soldats qui se sacrifièrent durant les deux guerres mondiales.

[1] et [2] Le cimetière de Verdun, le cimetière et le mémorial de Notre-Dame-de-Lorette, près de Lens (Pas-de-Calais), témoins de la Première Guerre mondiale.

289

[1] et [2] Des croix à perte
de vue en Normandie, à Colleville-
sur-Mer (Calvados) :
à chaque croix correspond
la vie fauchée d'un jeune soldat
venu d'outre-Atlantique.

[1] « Here in 1944, Europe was liberated by the herorism of the Allied forces », peut-on lire sur ce mémorial normand de la Seconde Guerre mondiale. [2] et [3] L'ossuaire de Douaumont (Meuse) et la tour d'Ulster (Somme)commémorent deux épisodes tragiques de la Première Guerre mondiale.

Des tranchées à Vimy (Pas-de-Calais) [1] ou près de Varenne-en-Argonne (Meuse) [2] commémorent le calvaire qu'endurèrent soldats français et allemands pendant des mois, tandis que le bois Delville, à Longueval dans la Somme [3] rappelle le souvenir des soldats sud-africains qui y connurent leur baptême du feu.

[1], [2] et [3] Quelques ouvrages de la ligne Maginot, ligne de fortifications et de défense construite par la France sur ses frontières entre les deux guerres... mais qui n'évita pourtant pas l'effondrement des forces militaires françaises dès 1940. [Double page suivante] Nombre de sites normands rappellent le souvenir du Débarquement : ici, le cimetière américain de Colleville-sur-Mer.

[1] Cimetière de « Caterpillar Valley », à proximité de Longueval (Somme).
[2] Poste d'observation de la batterie allemande de la pointe du Hoc (Calvados), surmontée du monument de la « dague des Rangers ».
[3] Bunker au fort de Douaumont (Meuse).
[Page de droite] Sinistres croix blanches du côté de la ligne Maginot.

La France
et ses cités

Souvent d'origine gallo-romaine, enceintes et fortifications furent maintes fois renforcées, agrandies, reconstruites et modifiées jusqu'au règne de Louis XIV par Vauban, le génial ingénieur-architecte du roi.

Cité fortifiée la plus fameuse de France, la première enceinte de Carcassonne, qui remonte aux IIIe et IVe siècles, fut renforcée à partir du XIIIe siècle, lorsque la ville tomba dans les mains du pouvoir royal : parce que tenir une ville, c'était tenir la région, les rois du Moyen Âge n'eurent de cesse de prendre les villes. De cette époque datent les enceintes de Provins et d'une ville créée ex nihilo à l'initiative de Saint Louis, Aigues-Mortes, qui dispose d'un plan rigoureux pourvu de rues à angle droit et qui affiche sa vocation maritime : sur les dix portes que comptent ses remparts, huit ouvrent sur la mer.

Ville dans la ville, le palais des Papes en Avignon, édifié au XIVe siècle, est un puissant château fort flanqué de neuf tours de plus de 50 mètres de hauteur qui sert à la fois de résidence du pape et de siège de son administration.

Trois siècles plus tard s'ouvre une période faste en matière de fortifications, d'abord sous Louis XIII mais surtout sous le règne de son successeur, Louis XIV. Serviteur du roi pendant cinquante-trois ans, grand stratège soucieux d'épargner des vies, travailleur infatigable, épistolier prolifique et curieux, l'ingénieur militaire que fut Vauban exerça la charge de commissaire des fortifications de 1678 à sa mort en 1707. Il conçut, pendant cette période, de nombreuses

Les villes fortifiées
et leurs ouvrages militaires

places fortes, notamment aux nouvelles frontières du territoire : Lille, Mont-Dauphin, Blaye, le fort Médoc, Belfort, Mont-Louis, Neuf-Brisach, Villefranche-de-Conflent, Arras, et bien d'autres encore. Quatorze d'entre elles sont désormais inscrites au patrimoine mondial de l'Unesco.

[1] Commanderie templière avant de passer aux mains des hospitaliers de Saint-Jean de Jérusalem, qui la firent fortifier en seulement quatre ans au milieu du XVᵉ siècle, La Couvertoirade (Aveyron) domine le causse du Larzac.
[2] Sur son rocher, la forteresse médiévale d'Entrevaux (Alpes-de-Haute-Provence), encore renforcée par Vauban, domine quant à elle la rivière du Var.

[3] à [6] Carcassonne (Aude), la plus grande forteresse d'Europe, vue sous toutes les coutures : si la restauration de Viollet-le-Duc connaît encore des détracteurs, sa silhouette médiévale, où l'on ne compte plus créneaux, archères, hourds, tours et chemins de ronde, en fait le lieu de tournage idéal pour les films en quête de décors « authentiques ».

[1] et [2] Du nord au sud, d'est en ouest, tours et forteresses semblent imprenables, à l'image de la tour César, à Provins en Seine-et-Marne, et de la citadelle de Blaye (Gironde).
[3] et [4] Le village de Saint-Paul-de-Vence, dont les remparts sont restés quasiment intacts.
[Page de droite] La citadelle de Corte, en Corse, est appelée par les gens du cru le « Nid d'aigle »...

[1], [2] et [3] Forts et remparts à fort Boyard, en Charente-Maritime, Calvi, en Corse et Salses, dans le Languedoc-Roussillon.

[1] Vue aérienne de la puissante citadelle de Blaye, fortifiée par Vauban et qui domine le vaste estuaire de la Gironde. [2] et [double page suivante] Le fort Saint-Jean et le Vieux-Port de Marseille, de jour ou au coucher du soleil.

307

Dinan ou le charme
des petites ruelles
bretonnes.

Encorbellements, arcades, colombages, galeries de bois, poutres
et pierres sculptées, caryatides,
loggias et oriels confèrent à nombre de
maisons un charme inépuisable. Au long
de rues tortueuses ou au sein d'un urbanisme plus quadrillé, elles permettent de
remonter le temps...

Il n'est quasiment pas de ville française qui
n'ait conservé un quartier ancien, à l'exclu-
sion de celles qui furent très endommagées
lors des guerres du XXᵉ siècle, et l'on trouve
dans toutes les grandes métropoles, mais
aussi dans des villes
plus modestes, des
ensembles urbains
redonnant de façon assez exacte une idée de
l'architecture des siècles passés. Ainsi dans
le modeste quartier des hortillonnages à
Amiens, le long de la Lauch à Colmar ou de
l'Ill à Strasbourg, à Bergerac, Agen, Troyes,
etc., certaines rues attestent l'irrégularité des
plans médiévaux, la variété de leur architecture, l'absence de conception urbanistique
globale. Certains ensembles bien restaurés
redonnent vie à certaines professions : dans
le quartier de la Petite France, à Strasbourg,
les maisons des tanneurs installées au bord
de l'eau sont dotées de toits en escalier élevés bien ventilés, ce qui permettait de faire
sécher les peaux.
D'autres ensembles, plus récents, témoignent d'une vision urbaine nouvelle, avec
des maisons construites le long de rues recti-
lignes, conçues comme un ensemble harmonieux et unifié. C'est le cas, par exemple, à
Paris, rue de la Ferronnerie, d'un ensemble
de maisons édifiées au sein d'un unique bâtiment de 120 mètres de long dans la seconde

Des rues pleines de charme

moitié du XVIIᵉ siècle. Dans beaucoup de
villes, on ne compte plus alors les façades
qui présentent une ornementation de masca-
rons, de consoles contournées, de refends, de
guirlandes et de coquilles, et dont les baies
ornées de balcons en fer forgé s'ouvrent en
plein cintre ou en anses de panier.

[1] Perspective de « la plus belle avenue du monde », les Champs-Élysées.
[2] L'avenue de la Grande-Armée à la tombée de la nuit ; au fond, la Grande Arche de la Défense.
[3] Les quais de l'île Saint-Louis ont conservé immeubles et hôtels anciens.
[4] La rue de Rivoli, toute droite, est un pur produit des travaux d'urbanisme dus au baron Haussmann, obsédé par le « culte de l'axe »...

[1], [2] et [3] Populaire et villageoise, la butte Montmartre semble cultiver le souvenir d'un Paris désuet, celui de l'avant-guerre...

[1] Les quais de Lyon, le long du Rhône.
[2] La rue Saint-Jean est l'une des plus anciennes rues du Vieux Lyon avec ses nombreux bouquinistes et quelques maisons très anciennes, telles la maison du Chamarier ou la maison des Avocats.

Des rues pleines de charme

En Alsace, les maisons anciennes sont souvent construites en pans de bois et coiffées d'un toit de tuiles plates. Mais la diversité du dessin des poutres, du remplissage et de la couleur des crépis évite toute monotonie : rouge à Riquewihr [1], différents ocres et beiges à Colmar [2 et 3] ou à Strasbourg [4].

315

Dominée par Notre-Dame-de-la-Garde, la ville de Marseille décline différents quartiers. [1] À quelques centaines de mètres de la Canebière, le cours Julien et ses rues adjacentes très pentues alignent les maisons anciennes. [2] « Forum de Marseille » selon Edmonde Charles-Roux, le Vieux-Port attire promeneurs et badauds. [3], [4] et [page de droite] Encore plus escarpé, le quartier populaire du Panier, avec son linge suspendu aux fenêtres.

Ruelles pavées, maisons anciennes et fontaines contribuent au charme de cités joliment restaurées : Mougins (Alpes-Maritimes) [1], Ménerbes (Vaucluse) [2], Pérouges (Ain) [3], Bergerac (Dordogne) [4], Conques (Aveyron) [5] et Quimper (Finistère) [6].

[7] Rues pavées
et rosiers grimpants
bordent les maisons
anciennes de Gerberoy
(Oise), à une vingtaine
de kilomètres de
Beauvais.

[1] À Marseille, des immeubles anciens bordent le cours d'Estienne d'Orves, grande place à l'italienne.
[2] Bourges (Cher) possède de somptueux hôtels gothiques ou Renaissance, tel celui édifié au milieu du XVe siècle par Jacques Cœur, l'argentier du roi.

Des maisons à pans de bois, généralement médiévales, confèrent aux vieux quartiers de bien des cités un charme indicible, ainsi à Chartres (Eure-et-Loire) [1], à Thiers (Puy-de-Dôme) [2] ou à Dives-sur-Mer (Calvados) [3].

[1] Rouge, orange, blanc cassé, gris-vert, les crépis des maisons strasbourgeoises composent une chatoyante palette. [2] Le Vieux Rennes, qui abrite de jolies maisons à pans de bois, est en fait le quartier qui a échappé au grand incendie ayant ravagé une bonne partie de la cité en 1720. [3] À Bordeaux, des immeubles anciens longent les quais.

[1] La fameuse promenade de la Croisette à Cannes, bordée de palmiers sur fond de Carlton et où il fait bon se montrer.
[2] et [3] Les rues pavées aux maisons anciennes de la « Petite France », à Strasbourg, et de Bergerac (Dordogne).
[Double page suivante] Les longues et hautes maisons lilloises offrent des ornements et des lucarnes aux charmes singuliers.

À côté des maisons médiévales de Clamecy (Vièvre) [1] et du Puy [2] ou des façades XVIIIᵉ siècle, comme celles qui bordent les trois côtés de la place d'Albertas, à Aix-en-Provence [3] , certaines cités conservent de magnifiques immeubles Art nouveau, tel celui conçu par Lavirotte [page de droite] au 29, avenue Rapp, à Paris, en 1901.

À Montpellier, la façade
XIXᵉ siècle du théâtre, précédée
de la fontaine des Trois-
Grâces, sert de toile de fond
à la place de la Comédie.

Lieux de convivialité, les places furent le lieu qui mettait en scène l'arrivée jusqu'à l'église, celui où l'on exaltait l'effigie du souverain, celui où l'on exécutait en public les condamnés, celui où s'allumèrent les révolutions...

C'est avec l'apparition des bastides, dans le Sud, au XIIIᵉ siècle, que de nouvelles villes fortifiées de taille moyenne organisent pour la première fois leur plan autour d'une place. Les plus belles d'entre elles satisfont à une certaine unité architecturale, avec des maisons conçues sur le même plan, pourvues souvent au rez-de-chaussée de galeries, comme à Mirepoix. Durant tout le Moyen Âge, les places accueillent les grosses foires et les marchés. Un nouveau tournant est pris au tout début du XVIIᵉ siècle, quand le roi Henri IV fait aménager, entre 1605 et 1612, une place presque carrée pour laquelle un édit royal impose une architecture identique : pavillons en brique et chaînage de pierre composés d'un rez-de-chaussée sous arcades invitant à la promenade et surmonté de deux étages puis de deux niveaux de combles couverts de toits en ardoise très pentus. Avec cette place Royale, appelée plus tard place des Vosges, le prototype de la place royale était né et se multiplia en province : place ducale de Metz, place Stanislas à Nancy, place de la Bourse à Bordeaux, place de la Libération à Dijon... À la fin du XVIIᵉ et au XVIIIᵉ siècle, ces places royales sont conçues pour servir d'écrin à la statue du souverain placée en son centre, comme sur la place des Victoires et sur la place Louis-le-Grand, actuelle place Vendôme, à Paris.

Sans être royales, nombre de places adoptent un parti architectural unifié. C'est le cas de la place du Parlement à Bordeaux, où s'or-

Le décor urbain : la place

donnent de beaux immeubles Louis XV, de celle du Parlement de Rennes et des deux places d'Arras, qui doivent leur beauté à l'unité architecturale des maisons élevées.

Le centre des places est parfois agrémenté de monuments commémoratifs, de fontaines, de statues de grands personnages...

[1] À Paris, la place du Tertre, à deux pas du Sacré-Cœur, est peuplée de touristes qui se font « tirer le portrait » et d'artistes ayant planté leur chevalet.
[2] Plus majestueuse, la place du Panthéon.
[3] La colonne Vendôme a rebaptisé l'admirable place Louis-XIV due à Jules Hardouin-Mansart.

3 [1] et [2] La place
de la Concorde, place
Louis-XV jusqu'en 1792,
est flanquée en son
centre de l'obélisque
du temple de Ramsès II
de Thèbes.
[3] Sur fond d'opéra,
une colonne, dite
« de Juillet » ou « de la
Bastille », élevée pour
commémorer les « Trois
Glorieuses » de juillet
1830, a donné son
nom à la place.

[1] Entièrement pavée et sans un seul arbre, la place du Général-de-Gaulle, à Lille, est typiquement flamande.
[2] La place Kléber, à Strasbourg, est un lieu de rendez-vous animé au cœur de la ville.
[3] Première place de Paris, la place des Vosges fut créée sous le règne d'Henri IV.

[1] et [2] La place des Terreaux et la place Bellecour, à Lyon.
[3] À Grenoble, le palais de justice et la collégiale Saint-André bordent la place du même nom.

333

[1] et [2] La place
Garibaldi, à Nice,
et la place des
Quinconces,
à Bordeaux, sont
animées par les eaux
de fontaines imposantes.
[3] L'esplanade située
devant le palais
des Papes, à Avignon.

[1] et [2] La place d'Albertas et la place de l'Hôtel-de-Ville, à Aix. [Double page suivante] Au cœur du Marais, à Paris, la place des Vosges est bordée de 36 pavillons sur arcades en brique et pierre, dont deux, les pavillons du Roi et de la Reine, sont plus élevés.

[1] Vue du ciel, une fontaine ornant un rond-point près de Cannes.
[2] Entièrement dévastée pendant la guerre, la Grand-Place d'Arras, reconstruite de façon exemplaire, a retrouvé ses maisons à pignons et à arcades typiquement flamandes.
[3] et [page de droite] À Montpellier, la fontaine surmontée des Trois Grâces qui orne la place de la Comédie est due à Étienne d'Antoine, sculpteur marseillais de la seconde moitié du XVIIIe siècle.

[1] Place Royale,
à Nantes.
[2] Place du Vieux-
Marché, à Rouen.
[3] Place de la Liberté,
à Sarlat-la-Canéda
(Dordogne).

[1], [2] et [3] La plupart des places sont animées en leur centre d'une fontaine ou d'une statue, à l'image des places Ducale, à Charleville, Jeanne-d'Arc, à Orléans, et de l'Ancienne-Douane, à Colmar.

Des maisons anciennes, des hôtels particuliers, des palais, des châteaux, des fermes, des bâtiments contemporains, des piscines, des usines pour abriter des collections souvent somptueuses, toujours savantes, parfois improbables...

Le vignoble et le vin d'Alsace, la guerre au Moyen Âge, le bouchon et le liège, la noix, le vélocipède, les poupées et les jeux d'antan, l'oie et le canard, la truffe, la carte postale ancienne, la batellerie, le tabac, les bordeaux, l'Aquitaine, les beaux-arts, les arts décoratifs, les produits résineux, les arts et traditions populaires, la mer, le béret, le protestantisme béarnais, le sel, le canal du Berry, la poste, la pierre de Volvic, le saint-nectaire, le tapis, Pompon, la mine et la machine, les faïences, le rail, l'imprimerie, Lamartine, Nicéphore Niépce, la vie bourguignonne, le Vieux Brest, le long cours cap-hornier, Jacques Cartier, le vitrail, la chasse, la mosaïque et les émaux de Briare, la magie, les vins de Touraine, la chemiserie, George Sand, les meilleurs ouvriers de France, le Grand Meaulnes, Rimbaud, les mineurs de schiste, les anciennes industries sedanaises, le feutre, Verlaine, la vie du vigneron, le bûcheron, le mariage et ses traditions, l'outil et la pensée ouvrière, la Résistance et la déportation, les maisons comtoises, l'horlogerie, la montre, la mine et les techniques minières, Peugeot, Courbet, la pêche, le costume comtois, la pipe et le diamant, la cerise, le temps, la dentelle, la boissellerie, la lunette morézienne, le comté, Pasteur, Pissarro, l'outil, la Renaissance, Christofle, les Antiquités nationales, la céramique de Sèvres, Maurice Ravel, Port-Royal, Rodin,

Les musées et les écomusées

Bossuet, Rigaud, la préhistoire, l'art moderne, les vieux métiers, la bière, la lutherie...
Non, non, il ne s'agit pas d'une liste à la Prévert, mais de celle, non exhaustive, des thèmes autour desquels quelques musées aux quatre coins de l'Hexagone ont organisé leurs collections...

L'huile d'olive au musée du Moulin des Bouillons [1], à Gordes (Vaucluse), les arts et les traditions populaires au Musée alsacien, à Strasbourg [2], les cuves destinées à la distillation des parfums au musée du Parfum [3], à Grasse (Alpes-Maritimes).

[1] et [2] À côté de ses collections de beaux-arts, le musée Unterlinden de Colmar est aussi la vitrine de l'art populaire alsacien : au rez-de-chaussée, une cave à vin a été reconstituée dans une salle pavée où l'on peut admirer pressoirs, outils et accessoires des XVIIᵉ et XVIIIᵉ siècles. [3] Un métier Jacquard à la maison des Canuts de Lyon, installée dans le quartier de la Croix-Rousse, l'ancien quartier du tissage de la soie.

Tout sur les voitures
à la cité de l'Automobile,
à Mulhouse (Haut-Rhin) [1],
sur les automates au
musée du même nom,
à Souillac (Lot) [2], sur
le sculpteur de la statue de
la Liberté au musée
éponyme de Colmar [3],
ou encore sur le tabac
au musée Peyrarède
de Bergerac (Dordogne)
[4] et [page de droite]...

346

3 Nombre de musées sont consacrés aux beaux-arts : les stèles gallo-romaines au musée Rolin à Autun (Saône-et-Loire) [1], la toute petite (36,5 mm) Dame de Brassempouy – premier visage humain connu sculpté dans l'ivoire – au musée des Antiquités nationales de Saint-Germain-en-Laye [2], les sculptures au musée des Beaux-Arts de Dijon [3] ou les vitraux au musée de Nancy [4].

D'autres lieux sont dédiés aux modes de vie obsolètes, comme à Lisieux [1], ou à des artistes, à l'image de La Grenadière, à Saint-Cyr-sur-Loire, où Balzac passa son enfance [2], ou à l'atelier de Cézanne, à Aix-en-Provence [3]. À Labastide-d'Armagnac (Landes), la chapelle Notre-Dame-des Cyclistes, quant à elle, rend hommage à la « petite reine » et à ses champions [4].

Modernité et art
contemporain sont
également au rendez-
vous dans les musées :
à la fondation Vasarely,
à Aix-en-Provence [1],
au Futuroscope de
Poitiers [2], ou, à Paris,
au centre Pompidou,
dans le quartier
Beaubourg [3], et
à la Cité des sciences
et de l'industrie
[page de droite].

À partir du xve siècle, hommes d'Église, grands aristocrates, magistrats, riches marchands ou prestigieux commis de l'État commencent à se faire construire des résidences qui perdent progressivement leurs éléments médiévaux et leur style gothique pour devenir des demeures d'apparat...

À la fin du Moyen Âge, les demeures abandonnent leur plan fortifié pour un corps de logis rectiligne qui s'ouvre à la lumière au moyen de grandes lucarnes. Même si certains éléments d'architecture militaire se maintiennent, ils ont perdu toute fonction défensive pour n'en conserver que l'aspect ornemental. Au siècle suivant, les architectes abandonnent définitivement ce vocabulaire pour adopter celui qui vient d'Italie, celui de la Renaissance, en utilisant notamment les ordres classiques et un décor dont l'iconographie puise pour une part dans la mythologie antique. Désormais, le corps de logis s'organise entre cour et jardin. Souvent, un avant-corps ou une surcharge décorative mettent en valeur le corps central du bâtiment, tandis que des ailes en retour, parfois plus basses, rejoignent côté rue des pavillons qui viennent clore la cour par un portail. À l'intérieur, lambris et glaces décorent salons et cabinets dont la taille, avec le temps, a tendance à se réduire.

Au xixe siècle, on lotit de nouveaux quartiers, telle la plaine Monceau, investis par une clientèle de financiers et d'industriels qui se piquent d'emprunter aux aristocrates leur mode de vie. Ils y font alors élever des hôtels

Les palais, hôtels particuliers et villas

un peu ostentatoires empruntant aux styles du passé, tandis qu'aristocrates, familles princières et bientôt riches bourgeois, séduits par la mode des bains de mer, font édifier des villas elles aussi marquées par l'éclectisme – néogothiques, néomauresques, néo-Renaissance, néo-anglaises – ou par l'Art déco.

Paris abrite nombre d'hôtels particuliers : la résidence des grands collectionneurs Édouard André et Nélie Jacquemart, édifiée dans le Paris d'Haussmann, est devenue musée [1], tandis que nombre d'hôtels du Marais ont été aménagés en musées ou en bibliothèques. Ici, la cour de l'hôtel Carnavalet [2], transformé en musée de l'Histoire de Paris, et les jardins de l'hôtel de Sens, devenu bibliothèque Forney [3].

[1] À Paris, nombre de galeries offrent de jolies promenades. [2] et [3] Le chef-d'œuvre de Garnier, l'Opéra de Paris, est fastueux et éclectique. À la fameuse exclamation de l'impératrice Eugénie « Quel affreux canard, ce n'est pas du style, ce n'est ni grec ni romain », Garnier répliqua : « C'est du Napoléon III. » Et toc !

Renaissance, classiques, baroques, éclectiques, tous les styles sont à l'honneur dans les hôtels et palais : néo-orientaliste pour la villa Mauresque [1] et [3], à Hyères, édifiée pour un industriel en 1881, façade baroque italienne pour l'hôtel des Monnaies du début du XVIIᵉ siècle, à Avignon [2].

[3] et [4] Installée au milieu de jardins somptueux, la villa Ephrussi, à Saint-Jean-Cap-Ferrat (Alpes-Maritimes), est de style Renaissance italienne.
[5] Le palais Lascaris, à Nice, se prévaut d'un magnifique décor baroque.

[1] Splendide demeure Renaissance du XVIe siècle, l'hôtel Goüin a été reconverti en Musée archéologique de Touraine.
[2] Pour se réfugier loin de la vie fastueuse de Versailles, Marie-Antoinette demanda à son architecte Richard Mique de lui construire un hameau avec une douzaine de chaumières de style normand.

[1], [2] et [3] En 1891, Collin, orfèvre et horloger parisien renommé, commanda une villa « Renaissance normande » à Vaudremer, architecte de la Ville de Paris qui, aidé par Guimard, un de ses élèves appelé à un grand avenir, réalisa un bel exemple d'architecture rationaliste et régionaliste en bois et en brique.
[Double page suivante] Chef-d'œuvre d'Ange Jacques Gabriel, le Petit Trianon, à Versailles, illustre l'architecture « à la grecque ».

359

[1] Mis au défi par sa belle-sœur Marie-Antoinette, le comte d'Artois, futur Charles X, fit édifier par son architecte Bélanger cette « folie de bagatelle », réalisée en deux mois en 1877.

[2] Résolument moderne, la villa Noailles, à Hyères, fut conçue par Mallet-Stevens.

[3] À Deauville, les villas adoptèrent bien des styles : ici, dans le genre « manoir du pays d'Auge », la villa Strassburger, édifiée par les Rothschild.

[Page de droite] À la fin du XIXe siècle, Ferdinand Cheval, facteur de son état, glana des matériaux naturels qu'il utilisa ensuite pour construire pendant plus de trente ans à Hauterives (Drôme) un « Palais idéal » où se mêlent les styles les plus divers.

LES FÉES DE L'ORIENT VIENNENT FRATERNISER AVEC...

Comme quelques autres pays, tels l'Angleterre et le Japon, la France a le privilège de qualifier un type précis de jardins : c'est en effet durant le Grand Siècle, sous le règne de Louis XIV, que Le Nôtre, jardinier de génie, fixe les principes du jardin « à la française ».

Si Versailles n'est pas le premier chantier auquel Le Nôtre fut associé de près, c'est probablement lui qui marqua l'aboutissement des principes mis en œuvre par le grand architecte jardinier pour créer le grand jardin régulier à la française : vastes échappées ordonnées selon des lignes géométriques rigoureuses, jeux de symétrie et de perspectives, effets de trompe-l'œil, domestication de la nature avec taille des arbres et des buis, multiplicité des salles de verdure à l'écart des allées principales et cachées dans des petits bois – d'où leur nom de « bosquets » –, présence de l'eau et des fontaines... Pour assécher cette butte étroite et marécageuse qu'était Versailles, des travaux pharaoniques furent entrepris : drainage et aplanissement du terrain, élaboration des parterres, creusement du canal, multiplication des réservoirs, construction de la machine de Marly.

Ce jardin à la française, copié notamment par nombre de cours européennes, resta en France réservé à une élite. Puis, à partir du siècle suivant, la mode du jardin à l'anglaise privilégia l'irrégularité et une apparence non domestiquée, même si tout y était soigneusement étudié : variété des espèces, chemins tortueux, présence d'éléments architecturaux décoratifs, tels des rochers ou fabriques...

À côté de ces jardins prestigieux et d'autres – jardins médiévaux et de la Renaissance, roseraies, jardins d'altitude, jardins exotiques –,

Les parcs et les jardins

les hortillonnages d'Amiens paraissent une curiosité terriblement terre à terre : sur quelques centaines d'hectares, d'anciens marécages ont été convertis en jardins flottants installés sur un réseau de petits canaux qui livrent chaque semaine sur les marchés leurs lots de plantes maraîchères et de fleurs.

[1] et [2] À Villandry (Indre-et-Loire), un jardin d'eau d'inspiration classique côtoie un potager Renaissance et deux jardins d'ornements. [3] Le jardin anglo-japonais du château de Courances, en Île-de-France.

[1] et [2] Jardins
à la française,
tels que Le Nôtre
les élabora à Versailles
ou à Chantilly.
[3] Courances abrite
un magnifique parc
attribué à Le Nôtre,
avec ses splendides
broderies de buis,
ses cascatelles,
ses bassins, ses miroirs
d'eau et ses fontaines.

Massifs de fleurs, topiaires, broderies de buis, bassins ou sculptures ornent bien des jardins : à Angers [1], aux Tuileries [2], à Paris, au château de Vaux-le-Vicomte [3], autre création de Le Nôtre, au château de la Roche-Courbon [4], à Saint-Porchaire, ou au château de Fontainebleau [page de droite].

[1] La régularité des topiaires à la française du jardin du château de Hautefort, en Dordogne.
[2] et [3] Le jardin botanique d'Èze, dans le Midi, paraît bien plus exotique, avec ses cactus, ses agaves et ses aloès.

[1] De sublimes jardins servent d'écrin à la villa Ephrussi, à Saint-Jean-Cap-Ferrat (Alpes-Maritimes).
[2] À Saint-Rémy-de-Provence, des statues de pierre veillent sur un bassin.
[3] À Giverny, Monet conçut un jardin d'eau avec essences exotiques, pont japonais et nymphéas.

[1] À l'intérieur des grandes villes, jardins et parcs sont des havres de paix, de véritables poumons verts. C'est le cas du bois de Boulogne, à Paris. [2], [page de droite] et [double page suivante] Les Buttes-Chaumont, également situées dans la capitale, en sont un autre exemple avec leur temple de la Sibylle, leur cascade, leur grotte, leur Guignol, leur lac, leur île et leurs ponts.
[3] À Giverny, autour de la maison de Claude Monet, les vrais nymphéas du jardin d'eau ne cessèrent d'inspirer l'artiste, comme en témoigne un ensemble au musée des Tuileries dans une salle aménagée tout exprès et qui a été récemment restaurée.

Destinés au public ou relevant d'une collectivité publique, les édifices publics concernent tous les secteurs de la vie humaine : administration, enseignement, santé, justice, culture, spectacles, commerce...

De type administratif, l'hôtel de ville apparaît au moment où les cités acquièrent auprès du roi, du seigneur ou de l'évêque le droit de s'administrer. Adoptant les styles architecturaux qui leur étaient contemporains, certains sont particulièrement imposants avec leur beffroi, parfois leurs horloges et leurs jacquemarts, notamment ceux des villes du Nord, signe de leur prospérité à la fin du Moyen Âge... Du même ordre mais apparues avec la république, les préfec-

Les bâtiments publics

tures, dont certaines se sont installées dans les anciens hôtels d'intendance, lesdits intendants assumant sous la royauté les mêmes charges que les préfets. On peut encore ranger dans cette catégorie les granges dîmières, les hôtels des postes, les palais de justice, les bailliages...

Moins administratifs, les anciens hôtels-Dieu et les hôpitaux, ainsi que les bâtiments destinés à l'enseignement. Dépendant de ceux qui les administrent, ils adoptent souvent un style architectural contemporain qui reflète le goût de leurs commanditaires : les premiers hospices adoptent un style conventuel, comme à Beaune. Souvent lieux de convivialité sociale, les lavoirs, qui apparaissent dès le Moyen Âge, et beaucoup plus tard les théâtres, les bibliothèques, les opéras, les cirques, les casinos, les établissements de thermes, les cinémas, les salles de sport... Enfin, une dernière catégorie d'édifices publics relève du commerce : halles, marchés couverts, passages couverts, galeries et même grands magasins... Si les premières se développent dès le Moyen Âge, il faut attendre le XIXe siècle pour que les autres se multiplient, surtout dans les grandes villes, en mettant à l'honneur de nouveaux matériaux : ossature métallique, vastes verrières permettant un éclairage naturel...

[1] et [4] Nombre de monuments publics prestigieux sont consacrés à l'enseignement et à la culture, ainsi la salle de lecture de la Bibliothèque nationale, rue Vivienne, à Paris, ou la bibliothèque Sainte-Geneviève, sur la place du Panthéon, également dans la capitale. [2] Moins sérieux, les Grands Magasins, avec ici le hall des Galeries Lafayette sous sa coupole de verre qui s'élève à plus de 30 mètres. [3] et [5] La mondialement célèbre Sorbonne, dont la chapelle fut conçue par Lemercier, le grand architecte du XVIIe siècle, à la demande de Richelieu.

[6] À Paris, placées sur l'ancien tracé de l'enceinte de Charles V, les portes en forme d'arcs de triomphe furent élevées sous le règne de Louis XIV pour commémorer des victoires, telle la porte Saint-Denis. Elles permettaient de délimiter la ville des faubourgs.

Au XIXᵉ siècle, avec le développement du train, des gares furent construites dans toutes les villes de France. Ici, les gares de Rouen [1], de Bordeaux [2] et de Limoges [3].

 [1] et [2] Élément indissociable des gares, l'horloge, souvent monumentale, à l'image de celle de la gare de Lyon, à Paris.
[3] La gare du Nord est l'une des nombreuses gares de la capitale.

[1] Les portes de ville ont désormais perdu leur fonction défensive. Pourtant, beaucoup de cités en ont conservé, parfois plusieurs. La porte d'Arroux, à Autun, en Bourgogne, remonte à l'époque gallo-romaine.
[2] La porte de Mars, à Reims, date du IIIe siècle.
[3], [4] et [page de droite] Les portes Cailhau, Dijeaux et Saint-Éloi, à Bordeaux.

[1] et [2] Autres bâtiments publics, les mairies et les hôtels de ville, ici à Rennes et à Tours. [3] L'hôtel de ville de Lille, avec son beffroi caractéristique.

[1] Édifiée sous le règne de Louis XV, l'École militaire est l'œuvre d'Ange Jacques Gabriel. [2] Le palais de Justice de Paris – ici, la façade donnant sur la cour de Mai –, est situé au cœur de l'île de la Cité. [3] Construit sous François Ier au XVIe siècle, le Collège de France reste un des lieux d'excellence de la transmission du savoir.

385

[1], [2] et [3] Du nord au sud, les grandes villes abritent des hôtels de ville souvent imposants, à l'image de ceux de de Calais, d'Orléans et de Lille.
[4] Symbole du pouvoir des ducs, le palais ducal de Nevers exhibe une élégante façade Renaissance avec ses hautes fenêtres à meneaux et ses tourelles polygonales.
[Page de droite] Le somptueux hôtel de ville de Marseille, édifié au XVIIᵉ siècle.

[1], [2] et [3] Sous le ciel souvent bas et gris des Flandres se découpe dans bien des villes la silhouette du beffroi et de son carillon, comme à Béthune, Bergues et Lille.

[1], [2] et [3] À Salon-de-Provence, Roussillon ou Rennes, campaniles, clochers et tours flanqués d'une horloge monumentale continuent de rythmer la vie des habitants.

389

[1] Les tours de l'horloge, à Nantes.
[2] Les clochers de Lacoste (Vaucluse).
[3] Le palais de justice de Rouen.
[Page de droite] Édifié à la fin du XVIIIᵉ siècle, le Grand Théâtre de Bordeaux est un chef-d'œuvre de Victor Louis ; une harmonie de bleu, de blanc et d'or enveloppe le décor de la salle.

La France
et son aménagement

A vec une ouverture sur quatre espaces maritimes et plusieurs milliers de kilomètres de côtes, notamment à l'ouest et au sud de l'Hexagone, ports et phares comptent parmi les aménagements et les édifices d'une importance capitale dans le développement des villes et des régions.

Les nombreux ports qui bordent nos côtes diffèrent considérablement en fonction de leur activité principale et de leur taille. Quoi de commun entre les ports pétroliers d'Antifer, au Havre, et de Donges, à Nantes-Saint-Nazaire, et les ports militaires de Cherbourg et de Toulon ? Entre le gigantesque port pétrolier de Fos-sur-Mer et les tranquilles ports de plaisance de Saint-Jean-de-Luz et de Piriac-sur-Mer ? Ou encore entre les ports de pêche d'Audierne et de Concarneau, et les ports de constructions navales comme Brest-L'Arsenal et Vannes ? Sans compter que nombre de ports ne se cantonnent pas à une seule activité et que bien des ports de commerce sont également d'actifs ports de plaisance ou de pêche. Avec la mondialisation et le souci croissant des États en matière écologique, les ports et l'activité économique qu'ils représentent constituent un enjeu majeur pour l'avenir.

Véritables sentinelles de la mer, solidement amarrés à terre, les phares jalonnent le littoral de Dunkerque à Menton, des côtes de Flandres à celles de Corse. Même si certains sont bien antérieurs au XIXe siècle, c'est à partir de cette date que la France s'équipe un peu systématiquement de feux lumineux le long de son rivage. Fidèles amis

Les ports et les phares

des marins, certains sont fameux et offrent des vues stupéfiantes : ainsi le phare d'Eckmühl à la pointe de Penmarc'h, tour grise de 65 mètres de haut qui offre, par beau temps et après une escalade de 307 marches, une superbe vue sur l'archipel de Glénan et l'île de Sein.

En Normandie et en Bretagne, des ports et encore des ports, ici plutôt en mode pêche : le quai Sainte-Catherine à Honfleur [1], de vieux gréements à Paimpol [2], le port de Loctudy [3].

[1] à [4] Les ports
du Guilvinec, du Conquet,
de Douarnenez
et de Roscoff,
en Bretagne.

Encore des ports, cette fois en mode industriel. [1] et [2] Le Havre est le premier port français pour le commerce extérieur. [3] et [4] Brest et sa majestueuse rade. [Page de droite] Dunkerque, troisième port de France, dut être reconstruit en grande partie après la Seconde Guerre mondiale.

Encore et toujours des ports : à Biarritz [1],Toulon [2] et Arcachon [3], de petites embarcations se reposent avant de reprendre la mer.

À Perros-Guirec [4], Nice [5], Bono [6] et Ré [7], les bateaux forment des lignes régulières qui rythment les paysages côtiers.

[1] à [4] et [page de droite] Telles des sentinelles veillant sur les marins de tout acabit, les phares scandent côtes et îlots : à Belle-Île, à Camaret, à Port-Tudy, sur l'île de Groix, à Saint-Jean-de-Luz ou encore à Saint-Mathieu. [Double page suivante] Isolé et solitaire, le phare de Mean Ruz porte bien son nom, puisque cela signifie « Pierre rouge ». Construit dans le même granite rose que celui sur lequel il est posé, il arbore de chauds reflets rouges lorsque le soleil décline à l'horizon. Le plus souvent appelé phare de Ploumanach, il annonce l'anse de Perros-Guirec.

Le sud de la France arbore de charmants ports : à Saint-Tropez [1], dans la petite île privée de Bendor [2] interdite aux voitures, à Cannes [3].

Les petites embarcations de pêche ou de plaisance sillonent les petits ports du sud de la France à Centuri-Port [1] et à Ajaccio [2], en Corse, ou encore à Port-Grimaud [3].

407

3 À côté des ports de mer, comme à Cannes [1] et à Marseille [page de droite], la vue d'un port en plein Paris, au bord de la Seine, avec colonne de la Bastille et Opéra Bastille en arrière-fond [2 et 3], est plus originale.

En pierre ou en métal, levants ou tournants, fortifiés ou suspendus, grandioses ou modestes, supportant des routes, des lignes ferroviaires ou des canaux, les ponts participèrent au désenclavement de certaines régions isolées tout en stimulant les échanges d'hommes et de marchandises.

Grands constructeurs, les Romains ont édifié sur notre territoire, pendant toute l'occupation romaine, des ponts, des viaducs et des aqueducs. Le plus fameux est le pont du Gard, partie spectaculaire d'un aqueduc conçu vers le milieu du Ier siècle pour alimenter en eau la ville de Nîmes. Avec sa triple rangée d'arches superposées d'une longueur de 273 mètres sur 49 mètres de haut, il est le plus impressionnant pont romain. Moins spectaculaires, peut-être, les ponts qui remontent au Moyen Âge jouèrent un rôle capital dans le développement du commerce et les échanges.

Avec le développement et la modernisation des techniques de construction au XIXe puis au XXe siècle, on assista à une diversification des ponts. Grâce à des matériaux inédits, tels le fer ou le béton, les ingénieurs purent à chaque fois se lancer dans de nouveaux défis. Le viaduc des Fades, en Auvergne, aujourd'hui désaffecté, fut le plus haut viaduc ferroviaire d'Europe. Plus près de nous, le pont suspendu de Tancarville, en acier et béton, et surtout le viaduc de Millau témoignent de ces avancées technologiques. Pont autoroutier à haubans destiné à franchir la vallée du Tarn, le viaduc de Millau, inauguré en 2004, détient quatre records du monde, puisque deux de ses piles sont de loin les plus hautes

Des grands et des petits ponts

du monde, tout comme l'un de ses pylônes, et qu'il possède le tablier soutenu par des haubans le plus long du monde et le tablier routier le plus haut du monde. Il est si beau que, peu après son inauguration, nombre de touristes empruntaient la voie d'arrêt d'urgence pour admirer le paysage et le pont !

Chaque pont de Paris possède son style propre, à l'image du pont Mirabeau [1], du pont Alexandre-III [2], qui ouvre sur l'esplanade des Invalides, ou encore du Pont-Neuf [4]. Aux passerelles pour piétons qui sillonnent la capitale, comme le pont des Arts [3] ou le passage de l'écluse des Récollets, sur le canal Saint-Martin [7], il faut ajouter 31 ponts routiers et 2 ponts ferroviaires, tel le pont de Bir-Hakeim [6], emprunté par le métro.

[5] Longtemps traversée par des bacs, la Seine ne connut que deux ponts jusqu'au XVIᵉ siècle. C'est à partir de cette époque qu'ils commencèrent à se multiplier.

413

À Lyon, des ponts pour franchir
la Saône, tel le pont Alphonse-Juin [1],
et le Rhône [2], mais également
une passerelle pour les piétons,
la passerelle du palais de justice [3].

[1] Immortalisé par une chanson, le pont Bénezet, à Avignon, n'a conservé que 4 arches sur les 22 qu'il possédait à l'origine. [2] Enjambant le Lot à Cahors, le pont Valentré est emblématique de l'architecture civile et défensive du Moyen Âge. [3] Sur fond de cathédrale, le pont de Verdun enjambe la Maine à Angers.

415

Formés parfois d'une seule arche, comme c'est le cas du pont romain de Vaison-la-Romaine (Vaucluse) [3], les ponts en comportent souvent plusieurs, parfois sur trois étages, à l'image du plus célèbre aqueduc de France, le pont gallo-romain du Gard [2 et double page suivante]. Les sites où ils sont établis sont souvent de toute beauté : au-dessus de la Loire [1] ou dans les montagnes de Franche-Comté, prises dans les brumes [page de droite].

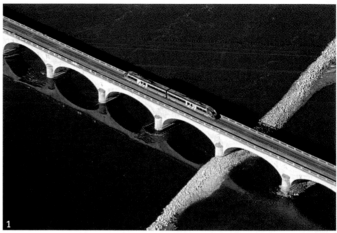

Du petit pont en pierre à une seule arche de Zaglia [1], en Corse, au pont d'Arles, plusieurs fois immortalisé sur la toile par Van Gogh [2], en passant par le pont de Dinan [3], il y en a pour tous les goûts...

Si la plupart des ponts arborent des formes traditionnelles, comme à Albi [2], Port-Grimaud [3] ou Strasbourg [4], certains réservent parfois des surprises, tel ce pont supportant une maison à colombages en Normandie [1].

Pont rime aussi avec technique et modernité : ainsi le pont d'Aquitaine, à Bordeaux [1], le pont de Saint-Nazaire au-dessus de l'estuaire de la Loire [2 et 5], le pont d'Isère [3], le pont de l'île de Ré [6] et, surtout, le fameux pont de Millau (Aveyron) [4], salué à l'unanimité comme une formidable prouesse technique.

6 [Double page suivante] Au-dessus de l'estuaire de la Seine, entre Honfleur et Le Havre, le pont de Normandie, magnifique pont à haubans, couvre une distance équivalente à celle qui sépare l'Étoile de la Concorde.

Immense mur de béton
capable de résister à la
pression de l'énorme masse
d'eau, un barrage-poids
dans les Alpes.

Maîtriser l'eau est un atout majeur pour l'économie et le développement. À partir du XVIIIᵉ siècle et surtout du XIXᵉ siècle, les progrès technologiques ont permis de lancer des travaux de grande envergure afin d'améliorer la gestion de l'eau.

Rendre navigable un cours d'eau, se protéger des crues, fournir de l'énergie, irriguer, régulariser le cours des rivières et des fleuves constituent les raisons essentielles de la construction des barrages et des lacs artificiels. Le type de barrage peut varier, et donc sa forme et le principe technique de base qui a présidé à sa construction et qui dépend pour une bonne part des conditions géologiques du terrain. Quoi qu'il en soit, la construction de certains d'entre eux a parfois provoqué l'émoi de populations locales qui voyaient leur village, leurs maisons, leur cimetière, leur terre submergés par les eaux, comme à Tignes, par exemple, juste après la Seconde Guerre mondiale. Un défaut de conception ou d'entretien d'un barrage peut conduire à une catastrophe, la rupture du barrage, qui entraîne un raz de marée emportant sur son passage habitations et populations, comme ce fut le cas à Malpasset, non loin de Fréjus, en 1959.

Moins impressionnants, peut-être, moins périlleux, sûrement, les canaux de navigation visent à pallier les déficiences des cours d'eau qu'ils longent – c'est ce qu'on appelle les canaux latéraux – ou à élargir le réseau fluvial – ce sont des canaux de jonction. L'un des plus fameux est le canal du Midi, conçu par Riquet. Grâce à ses 241 kilomètres de

Les barrages, les lacs artificiels et les canaux

voies, il reliait la Méditerranée à la Garonne et à l'Atlantique. Parmi les dispositifs qui permettaient de franchir les obstacles ou les dénivellations, le formidable escalier d'eau formé par les sept écluses de Fonséranes : en quelques centaines de mètres était ainsi franchie une dénivellation de 21,50 m.

1

2

Avec le bassin de la Villette, le canal Saint-Denis et le canal Saint-Martin [2] et [4], le canal de l'Ourcq [1] et [3] constitue le réseau des canaux parisiens élaborés au début du XIXe siècle afin, surtout, de subvenir aux besoins en eau de la capitale.

3

[5] En province, on construisit également des canaux, notamment le canal du Midi. [Double page suivante] Bel après-midi d'automne le long des berges paisibles du canal du Midi, un joli but de promenade.

3 De nombreux canaux qui sillonnent la France, tels le canal de Camargue [1] et [3] ou le canal de Bourgogne [2].

Le canal du Midi [1] à [3] reste peut-être l'un des plus admirables. Conçu au XVIIe siècle par Pierre Paul de Riquet, un simple percepteur d'impôts qui rêvait de relier la Méditerranée à l'Atlantique, il continue d'offrir, avec ses 241 kilomètres et sa soixantaine d'écluses, une voie idéale pleine de charme pour découvrir le Midi, même s'il se révèle aujourd'hui obsolète.

Si bien des villes tirent une partie de leur charme de la présence de canaux, comme Annecy [1] ou Montargis [2], il en est une, Port-Grimaud [3] et [6], qui, surgie des marais et des dunes de sable à partir de 1966, a remplacé les rues par des canaux et les voitures... par des bateaux.

Les barrages, les lacs artificiels et les canaux

6 [4] et [5] Plus ancien que le canal du Midi, puisque sa construction fut entamée à l'initiative de Sully en 1604, le canal de Briare a perdu sa vocation commerciale au profit d'une belle activité de plaisance.

435

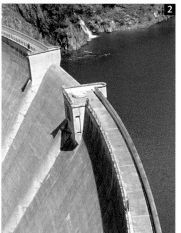

Situés tous deux dans le Beaufortain, les barrages de La Gittaz [2] et du lac de Roselend [3] sont plus modestes que celui du lac de Serre-Ponçon [1] et [page de droite], dominé par des sommets des Alpes du Sud de plus de 2 000 mètres et créé pour « dompter » les eaux de la Durance.

[1] Afin de maîtriser rivières et fleuves, les hommes ne cessèrent d'aménager ici ou là des barrages, dont certains sont anciens : le barrage Vauban, à Strasbourg, remonte à la fin du XVIIe siècle.

4 5

6 Ces barrages, conçus selon des techniques variées, sont disséminés sur tout le territoire : sur l'Hérault [2], sur la Meuse [3], sur le Sinnamary, en Guyane [4], sur le Gard [5] ou encore sur le Drac, ce dernier donnant naissance au lac de Monteynard [6], qui fait le plaisir des véliplanchistes et des amateurs de sports nautiques.

439

Le paysage industriel fut considérablement bouleversé à partir du milieu du xxe siècle, la mondialisation entraînant la fermeture de manufactures qui constituaient l'identité forte de certaines régions. De vastes entreprises de réhabilitation permettent aujourd'hui de mieux comprendre ce passé.

Parmi les nombreux témoignages industriels passés à la postérité, les salines d'Arc-et-Senans comptent parmi les plus admirables et témoignent d'une activité, l'extraction de sel, qui apporta richesse et prospérité à la région. Mené par Ledoux, un architecte de génie visionnaire, peut-être utopiste, le projet, partiellement réalisé (1775-1779), fut conçu comme une cité industrielle modèle pourvue de nombreuses annexes afin de subvenir à tous les besoins du personnel. Dans cette même idée de cité idéale, moins spectaculaires, beaucoup de cités ouvrières furent commandées au xixe siècle par des industriels dans nombre de villes de France : le long de rues tirées au cordeau, aux maisons souvent entourées de jardinets s'ajoutaient des installations de bains, des crèches, des écoles maternelles, des commerces, des terrains de jeux... On retrouve ces cités-jardins non loin des mines et des sites sidérurgiques, dans le nord ou l'est de la France : ce sont les corons.

Il faudrait encore citer les usines textiles de ces mêmes régions, les manufactures de tapisserie, comme celle d'Aubusson, les anciennes forges, les verreries – Saint-Gobain –, les usines agroalimentaires, telle la biscuiterie LU, à Nantes. Longtemps considéré comme négligeable – une partie des usines LU a été détruite –, ce patrimoine est désormais repéré par l'Inventaire général qui recense et étudie les lieux de production, qu'ils soient actifs ou non, ainsi que les machines de production, préalable indispensable à leur conservation.

Un patrimoine industriel

Accompagnant le développement de son industrie, la France a développé ses ports, comme à Calais [2] et à Dunkerque [3]. La crise venant, certains sites industriels furent abandonnés ; ce fut par exemple le cas à Longwy, en Lorraine [1] et [6].

[4] Certaines usines laissées à l'abandon font l'objet de réhabilitations.
[5] D'autres, vieilles de quelques siècles, ont perdu leur activité depuis longtemps et, d'édifices industriels, elles sont devenues de véritables monuments d'art : ainsi les salines royales d'Arc-et-Senans, dans le Doubs, édifiées à la fin du XVIIIe siècle par Claude Nicolas Ledoux.

[1], [3], [4] et [page de droite] L'acier, les minerais, le textile, l'énergie, l'automobile, etc. ont suscité des créations de ports et de complexes industriels parfois étendus.
[2] Le siège historique de Renault, sur l'île Seguin, à Boulogne-Billancourt, fut pendant la guerre la plus grande usine de France. Après sa fermeture, en 1992, son démontage fut achevé en 2005. Depuis, au milieu de luttes de pouvoir parfois houleuses, les projets de reconversion se succèdent...

[1] et [2] En matière  d'énergie, la France s'est équipée de centrales thermiques. Celle de Gardanne (Bouches-du-Rhône) est équipée d'une technologie de pointe qui limite les émissions polluantes.
[3] L'usine de retraitement de la Hague, dans le Cotentin, traite des combustibles nucléaires appartenant à plusieurs pays d'Europe, ce qui a soulevé et soulève encore des contestations, écologiques notamment.

446

Des installations hydroélectriques, comme en Guyane [1], ou des centrales nucléaires, comme à Veulettes-sur-Mer (Seine-Maritime) [2] et [3] et à Cattenom, sur les bords de la Moselle, en Lorraine [double page suivante], complètent cette production d'énergie.

447

Raffineries pétrolières
à Port-Jérôme, en
Seine-Maritime [1],
silos à grain dans la
campagne française [2],
installations minières
en Alsace [3].

3 Gisements d'uranium à Lodève (Hérault) [1], usine de traitement des eaux usées à Valenton (Val-de-Marne) [2], salins de Giraud en Camargue [3], autant de paysages industriels qui comptent aussi dans le patrimoine de la France.

Outre les sites portuaires industriels, tel Marseille [3], villes ou régions furent longtemps associées à une industrie : textile pour le Nord, à Roubaix [1], pneus Michelin à Clermont-Ferrand [2]...

[1], [2] et [3] Aujourd'hui, très présentes sur le sol français, les centrales nucléaires commencent à apparaître à partir de la fin des années 1950.

453

[1] et [2] Camelles de sel à Aigues-Mortes, dans le Gard.

[3] L'extraction de certains matériaux donne parfois naissance à des paysages graphiques non dépourvus d'une certaine beauté : ainsi, ces carrières de marbre en Provence-Alpes-Côte d'Azur.

[Page de droite] Dans le port du Havre, relié à 500 ports dans le monde, les bateaux peuvent entrer vingt-quatre heures sur vingt-quatre !

[Double page suivante] Les tables salantes de Giraud, en Camargue : l'eau pompée dans la Méditerranée est acheminée de parcelle en parcelle jusqu'à ce que le sel se cristallise sous l'effet du soleil et du mistral...

Index

Crédits photographiques
Toutes les photographies de cet ouvrage appartiennent à l'agence Corbis,
sauf : pages 17 b, 36 bd, 37, 66-67, 142 hd, 427, 428 hg, 429 h, 430-431,
432, 433 h, 434 bd, 435 h, 436, 437, 438 b, 439 h, 443 hg et b, 450 b, 452, 453, 455
et photo md de la quatrième de couverture (Fotolia),
ainsi que les pages 20, 21, 30-31, 33 (Istockphoto).

Dans la collection 1 001 photos

Les Animaux de la ferme / Les Avions / Les Bébés animaux / Les Chats / Les Châteaux
Les Chevaux / Les Chiens / Le Cyclisme / L'Égypte / Les Fleurs
Le Football / La France des villages / La Mer / Les Merveilles du monde
La Montagne / Les Motos de rêve / Les Oiseaux / Paris / Le Rugby
Les Trains / Les Voitures de rêve